DAS WAHRE GESICHT DER ILLUMINATI: WAHRHEIT UND MYTHEN ÜBER DAS GEHEIMNIS

Die geheimnisumwitterte Gesellschaft - Die Geheimnisse der Illuminaten werden enthüllt!

Friedrich Zimmermann

INHALTSVERZEICHNIS

EINFÜHRUNG

Dieses Buch enthält wertvolle Informationen über die Illuminaten, einschließlich ihrer Geschichte, ihrer Ziele, ihrer Überzeugungen und einiger bekannter Verschwörungstheorien im Zusammenhang mit der Gruppe.

Der Orden der Illuminaten und andere Geheimorganisationen waren oft Gegenstand heftiger Auseinandersetzungen über ihre Rolle in der Geschichte der Menschheit. Die Zahl derer, die glauben, dass die Illuminaten die Welt im Geheimen kontrollieren oder dass es sich um einen Schwindel handelt, ist gestiegen. Die Fakten über die Illuminaten sind zu Unwahrheiten und Mythen verdreht worden, was eine unabhängige Untersuchung des Ordens unmöglich macht.

Im Allgemeinen bezieht sich das Wort Illuminati auf eine elitäre Organisation, die behauptet, den Globus zu beherrschen. Obwohl einige Menschen die Bedeutung des Namens verstehen, sind viele Menschen, Gruppen und Sekten verwirrt über die Beziehung des Ordens zur Freimaurerei, seine Ziele, Aktivitäten, Überzeugungen und Geheimhaltung.

Die Suche nach der Wahrheit über den Illuminatenorden ist im Allgemeinen immer ein schwieriges Unterfangen. Das liegt daran, dass die meisten Websites, die Wissen über den Orden vermitteln, alles, was mit den Illuminaten zu tun hat, entweder leugnen oder lächerlich machen. Einige Websites belegen sogar Material oder Daten, die nur auf Mythen und Hörensagen beruhen. In jedem Fall entsteht bei vielen Gelehrten ein verzerrtes Bild des Illuminatenordens.

Daher kann es schwierig sein, die Wahrheit über den Illuminatenorden herauszufinden, da seine Geschichte von den Machthabern oft umgeschrieben und sogar verändert wird. Außerdem soll der Illuminatenorden, wie jede andere Geheimorganisation auch, im Verborgenen gehalten werden.

Dieses Buch versucht, ein genaueres Bild des Illuminatenordens zu entwerfen, das auf nachprüfbaren Beweisen beruht, von denen ein Großteil von Eingeweihten der Geheimgesellschaften verfasst und belegt wurde.

KAPITEL 1
DIE ERSTEN ANFÄNGE DER ILLUMINATI

Über die Illuminaten ist schon viel gesagt worden, und es gibt auch zahlreiche Mythen und Hypothesen, die in der heutigen Zeit zu ihrer Berühmtheit beitragen. Sie werden als eine der mächtigsten Geheimorganisationen der Welt beschrieben, die die Fäden ziehen und wichtige Ereignisse herbeiführen, die einen großen Einfluss auf die Menschheit haben, und das alles im Streben nach globaler Vorherrschaft. Doch ist dies wirklich der Fall? Sind die Illuminaten tatsächlich die schrecklichen, verhüllten Personen, als die sie oft dargestellt werden?

Beginnen wir mit der klassischen Hierarchie der Illuminaten.

Den verfügbaren Quellen zufolge gründete Adam Weishaupt, ein Professor für Praktische Philosophie und Kirchenrecht an der Universität Ingolstadt, am 1. Mai 1776 die Bayerischen Illuminaten (auch bekannt als die Alten Erleuchteten Seher von Bayern). Papst Clemens XIV. ordnete die Gesellschaft Jesu (die Jesuiten) einige Jahre vor seiner Anstellung an der Institution an. Infolgedessen waren die Jesuiten gezwungen, ihre Ämter in den von ihnen gegründeten Einrichtungen niederzulegen. In Wirklichkeit wurde Weishaupt von derselben Gruppe unterrichtet, als er jünger war.

Als Weishaupt auf den Universitätsposten berufen wurde, waren sowohl feindliche als auch wohlwollende Jesuiten sehr umstritten. Es gibt auch verschiedene Berichte über seinen Aufenthalt dort. Einige behaupten, er sei sowohl den Jesuiten als auch der katholischen Kirche gegenüber feindlich eingestellt gewesen. Einige Erzählungen sprechen jedoch von seinen negativen Begegnungen mit ehemaligen Jesuiten, die an der Institution verblieben und nicht an den liberaleren Kursen interessiert waren.

Das wurde zu dieser Zeit gelehrt. Viele halten letzteres für den Auslöser, die Ursache für Weishaupts Gründung der Illuminaten.

Die Mission des bayerischen Ordens war es, die Menschen von Aberglauben und Bigotterie zu befreien. Sie forderten die Menschen auf, freundlich zu sein, und lehrten sie, dass dies der Weg zum Glück ist. Man darf nicht vergessen, dass Bayern zu dieser Zeit streng katholisch war und die Menschen zweifellos eine große Angst vor dem Aberglauben hatten. Sie lehnten den Einfluss der Religion auf das tägliche Leben der Menschen ebenso ab wie den Missbrauch der staatlichen Autorität. Viele Menschen teilten dieselben Werte, doch die Mitgliederzahl des Ordens wuchs nur langsam.

Bei seiner Gründung bestand er aus nur fünf Mitgliedern. Weishaupt sowie vier Jurastudenten, Massenhausen, Merz, Bauhof und Sutor. Während ihrer Treffen nahmen alle fünf Identitäten an und waren innerhalb des Ordens als Spartacus, Ajax, Tiberius, Agathon und Erasmus Roterodamus bekannt. Sutor wurde wegen Faulheit aus dem Orden ausgeschlossen.

Massenhausen leitete die Rekrutierung und das Wachstum der Gruppe und holte Xavier von Zwack, einen ehemaligen Schüler Weishaupts, hinzu. Danach kam es zu einer Reihe von Ereignissen, und Massenhausen brach die Verbindung zum Orden ab. Zwack hatte zu diesem Zeitpunkt die Leitung der Münchner Gruppe des Ordens übernommen, und die Gesamtzahl der Mitglieder war auf zwölf angestiegen. Trotz Zwacks Bemühungen blieb das Mitgliederwachstum des Ordens bescheiden. 1780 trat Baron Adolphe Francois Frederic Knigge (alias Philo) der Gruppe bei. Mit ihm kamen die Rituale für drei Grade der symbolischen Freimaurerei und zehn weitere, die innerhalb der Illuminaten verwendet wurden. Von 1780 bis 1783 wuchs die Zahl der Illuminaten von einem Dutzend auf fast 3.000 Mitglieder.

Es gibt viel Macht, wenn es viele Menschen gibt, und das ist der Regierung nicht entgangen. Ende 1783 mehrten sich die Gerüchte, dass die Illuminatengruppe plante, die Regierung zu stürzen und dem Land ihren eigenen Glauben aufzuerlegen. Herzog Karl Theodor, der damalige Kurfürst von Bayern, begann, Edikte zu erlassen, in denen er die Vernichtung der Illuminaten anordnete, da er das Ende seiner Herrschaft befürchtete. Das erste wurde am 22. Juni 1784 verschickt und 1785 dreimal wiederholt. Nach dem Erlass dieser Edikte wurde es für die Mitglieder in Bayern gefährlich, mit den Illuminaten in Verbindung gebracht zu werden.

Natürlich hatte das auch Folgen für seinen Urheber. Im Jahr 1785 wurde Weishaupt von seiner Stelle an der Universität entlassen und aus Bayern vertrieben. Ihm wurde eine Pension angeboten, die er jedoch ablehnte. Herzog Ernst II. von Sachsen-Gotha-Alternburg, Thüringen, Deutschland, gewährte ihm Unterschlupf und eine Stelle an der Universität von Göttingen. Dort verbrachte er den Rest seiner Jahre als Professor bis zu seinem Tod am 18. November 1830.

Die folgenden Jahre:

Informationen über die Ziele und Zeremonien des Ordens wurden aus Papieren gesammelt, die Weishaupt ab 1785 herausgab. Andere wurden durch die Untersuchung aller Briefe und Dokumente gewonnen, die im Haus von Xavier von Zwack gefunden wurden. Bei dieser Suche wurden mindestens 200 einzelne Briefe gefunden, darunter auch Interaktionen zwischen Weishaupt und den anderen Illuminatenführern. Es gibt Fälle wie diesen.

Die Zwack-Aufzeichnungen sind sehr umstritten, da einige behaupten, sie seien nicht für die Öffentlichkeit, sondern für den Staat selbst bestimmt gewesen. Im Nachhinein wurde die Regierung in den späten 1700er Jahren besonders feindselig gegenüber Geheimorganisationen. Sie waren gefährdet, insbesondere durch Organisationen mit starken und wohlhabenden Männern, wie die Illuminaten.

Es sollte nicht überraschen, dass die Mitgliederzahlen der bayerischen Illuminaten nach den Edikten von 1784 stark zurückgingen. Sie hinterließen jedoch ein schriftstellerisches Vermächtnis und inspirierten eine Fülle von Romanen, die über sie geschrieben wurden. Autoren, die den Illuminaten und der Freimaurerei feindlich gesinnt waren, veröffentlichten zunächst ihre Kritiken über die Geheimorganisationen, von denen viele harsch und ungenau waren. Sogar die Freimaurer veröffentlichten Material, in dem sie die bayerischen Illuminaten kritisierten und behaupteten, die Organisation verdiene kaum mehr als eine Fußnote in der Geschichte.

Dies sollte jedoch nicht der Fall sein.

KAPITEL 2
DER RELIGIÖSE HINTERGRUND
DER ILLUMINATI

Die Illuminaten glauben, dass Moses und andere biblische Figuren Abbilder der ägyptischen Pharaonen sind. Ihnen zufolge beginnt die jüdische Genealogie mit Abraham, der seine Schwester Sarah heiratete und dann nach Ägypten ging, um Amenmhet I. (12. Dynastie) zu erobern und zu töten. Er war danach als Pharao Amenemhet I. bekannt, der erste Pharao unbekannter Herkunft und ohne königliche Abstammung. Da Sarah nicht in der Lage war, schwanger zu werden, heiratete Moses später eine zweite Frau, eine Ägypterin namens Hager. Als sie schwanger wurde und Isaak zur Welt kam, sagte Abraham, Gott habe ihm gesagt, er solle ihn opfern, was er aber im Nachhinein bereut habe. Als Abraham starb, wurde sein Leichnam in die Bundeslade gelegt.

Isaak, sein Sohn, hatte zwei Zwillingssöhne namens Jakob und Esau. Aufgrund ihrer Konflikte floh Jakob in das heutige Israel, um Jahre später mit seinen zwölf Söhnen und seinem Stamm (den Hyksos) zurückzukehren und den ägyptischen Pharao zu stürzen. Nach seinem Sieg krönte er sich zum König Jakubher. Das ägyptische Volk revoltierte jedoch und vertrieb die Hyksos mit zwei Monarchen aus der lokalen ägyptischen Dynastie im Süden in die höheren Regionen Ägyptens. Ahmose I., der Bruder von Kamose, inszenierte einen siegreichen Aufstand gegen die Hyksos und vertrieb sie vollständig aus Ägypten. Ahmose I. war somit der erste Monarch der 18. Dynastie und gründete ein neues Königreich, das auf einem Militärreich basierte.

Die Hyksos kehrten nach Kanaan zurück und teilten das Gebiet in zwölf Staaten auf, von denen jeder zu einem der zwölf Söhne gehörte und nach ihnen benannt wurde. Josef hingegen blieb in Ägypten und verbarg seine hebräische Herkunft, indem er eine Ägypterin namens Asenat, Tochter von Poliphera, dem Priester von

On, heiratete. Er erhielt seine Fähigkeit zur Traumdeutung. Dann änderte er seinen Namen in Zaphnath Paaneah (Imhotep) und wurde der größte Beamte und schließlich der oberste Priester während der Herrschaft von Pharao Djoser (Ahmose I Aka. Pharao Netjerikhet, Pharao der 3. Dynastie, 2670 v. Chr. in Unterägypten). Jakob stieg zur Macht auf, indem er geschickt die Träume des Pharaos las. Als Wesir und oberster Priester des Pharaos regierte er Ägypten und kaufte für den Pharao ägyptisches Land von den hungrigen Menschen. Unter seiner Führung kehrten die Hebräer nach Ägypten zurück, wurden beschützt und gediehen und erreichten zur Zeit des Exodus eine Bevölkerung von zwei Millionen.

Moses wurde dreihundert Jahre nach Josephs Herrschaft geboren, während der Herrschaft von Thutmose I. (dem dritten Pharao der XVIII. Dynastie, 1503-1493 v. Chr.). Thutmose hatte fünf Söhne, darunter eine Tochter namens Hatschepsut und einen Sohn namens Thutmose II, der sie später heiratete. Da Hatschepsut jedoch keinen Thronfolger zeugen konnte, hatte Thutmose II. einen Sohn mit einer nicht königlichen Mätresse namens Isis, der Thutmose III. hieß (der biblische Moses) und als ihr Sohn aufgezogen wurde. Moses (Thutmose III., 1479-1425) wurde Pharao von Ägypten und führte Feldzüge gegen die Hyksos in Kanaan, das er schließlich 1406 v. Chr. eroberte.

Pharao Psusennes II, oft als König David bekannt, wurde 1003 v. Chr. König von Israel. Im Jahr 970 v. Chr. bestieg sein Sohn, Pharao Siamun, allgemein bekannt als der legendäre König Salomo, den Thron. Salomos Tempel wurde zu einem Zentrum für die Anbetung goldener Tiere, für Orgien und für die Opferung von Frauen und Kindern. Die Erzählungen über Amun und die Darstellungen dieses Gottes als eifersüchtig, rassistisch, gierig, wütend und rachsüchtig ähneln denen über Abrahams Gott. Das Wort Amen, das Christen, Muslime, Hindus und Juden nach einem Gebet verwenden, spielt auf den ägyptischen Gott Amun-Ra an, den Herrscher über das Böse und das Chaos, und bedeutet "der Verborgene". Das Amun-Zeichen ist an zahlreichen Orten auf der ganzen Welt zu sehen, darunter auch in der Vatikanstadt.

KAPITEL 3
DIE DREI GRADES DES ORDENS

Die drei Stufen des Illuminatenordens werden im Folgenden kurz beschrieben:

Bayerische Anfängerin

Es wird behauptet, dass die Mitglieder der Illuminaten durch eine verlockende Sprache über das Streben nach Erleuchtung, Weisheit und esoterischem Wissen angelockt und in den Orden eingeführt wurden. Novizen der Illuminaten waren auch einer ständig überwachten Hierarchie und Kontrolle ausgesetzt, ähnlich der Struktur, die von den Jesuiten verwendet wird. Die politischen Ziele des Ordens werden in dieser Klasse nicht behandelt.

Gelehrte und Historiker sind sich einig, dass die Ausbildung eines Novizen nach seiner Einschreibung in den Händen des Einschreibers liegt. Dieser hält die Identität der übrigen Oberen vor dem Novizen geheim. Während der gesamten Noviziatszeit ist es das Ziel des Ordens, den moralischen Charakter des Novizen zu stärken und zu vervollkommnen, sein Interesse für bewundernswerte Aspekte zu wecken, die den Aktivitäten und Methoden schlechter Menschen im Wege stehen, seine menschlichen und sozialen Vorstellungen zu erweitern und guten Menschen zu helfen, gute Positionen in der Welt zu finden.

Darüber hinaus wird dem Novizen die Verpflichtung auferlegt, während der gesamten Noviziatszeit absolute Vertraulichkeit zu wahren und die Angelegenheiten des Ordens zu respektieren. Danach wird der Novize gezwungen, seine egoistischen Wünsche und Ansichten zu kontrollieren und gleichzeitig absoluten Gehorsam und Respekt gegenüber seinen Vorgesetzten zu wahren.

Ein vollständiger Bericht über sich selbst ist einer der wichtigsten

Aspekte der Pflichten eines Novizen. Er wird in den Archiven des Ordens aufbewahrt. Der Bericht sollte detaillierte Informationen über die Familie und den persönlichen Werdegang des Novizen enthalten. Er sollte auch entfernte Elemente wie die Namen der Gegner des Novizen und die Häufigkeit der Anfeindungen, die Titel der Bücher, die er besitzt, seine starken und schwachen Charaktereigenschaften, die Namen seiner Eltern, Geschwister und Verwandten und die vorherrschenden Interessen seiner Eltern enthalten, um nur einige zu nennen. Der Novize muss außerdem monatliche Berichte vorlegen, in denen er die Vorteile des Ordens und die von ihm erbrachten Leistungen darlegt.

Um in die höheren Ränge aufzusteigen, muss der Novize etwa zwei Jahre lang im Noviziat bleiben und in der Rekrutierung tätig sein. Seine Leistung und sein Erfolg bei der Rekrutierung entscheiden über sein Fortkommen. Wenn der Novize einen anderen Novizen rekrutiert und anmeldet, wird er dessen Vorgesetzter. Wenn die Vorgesetzten entschieden haben, dass der Novize es verdient hat, weiterzukommen, wird er in den Minerval-Grad aufgenommen.

Minerval

Minerval ist abgeleitet von Minerva, der römischen Göttin der Poesie, des Wissens, der Weberei, der Heilung, des Handels, der Magie, des Handwerks und der Musik. Minerva wird oft mit einer Eule in Verbindung gebracht, die als ihr heiliges Geschöpf gilt. Die Eule wiederum wird für ihre weisen Ratschläge verehrt. Minerva wird häufig als antikes Emblem der Mysterien an verschiedenen Orten abgebildet, unter anderem auf dem Großen Siegel von Kalifornien und in der Library of Congress.

Die Indoktrination ist Teil des zweiten Grades oder der zweiten Stufe des Ordens. In diesem Grad werden die Eingeweihten über die spirituellen Ideale des Ordens unterrichtet; dennoch haben sie noch nicht genug Wissen über die wahren Absichten und Ziele von

Weishaupt und seinen nahen Verwaltern.

Im Minerval-Grad wird von den Eingeweihten verlangt, dass sie sich von jeglichen Zweifeln hinsichtlich des Endziels des Ordens befreien: die Reichen und Mächtigen zu stürzen oder staatliche Institutionen und religiöse Organisationen zu Fall zu bringen. Während des Initiationsrituals schwört der Eingeweihte, der Menschheit zu dienen, allen Vorgesetzten und den Vorschriften des Ordens zu gehorchen, absolute Verschwiegenheit und Loyalität zu wahren und alle persönlichen Interessen zum Wohle der Gesellschaft zu opfern.

Einer der Vorteile der Minervals ist die Möglichkeit, eine Handvoll ihrer Vorgesetzten zu treffen, die als die Erleuchteten Minervals bekannt sind. Minervale können in Gespräche mit ihren Vorgesetzten verwickelt werden, die für sie eine wunderbare Inspirationsquelle sein können.

Minerval beleuchtet

Nur eine kleine Anzahl von Minervalen erreicht die Stufe des Erleuchteten Minervals. In dieser Stufe werden die ehemaligen Novizen und Eingeweihten zu Vorgesetzten und erhalten Aufgaben, die sie auf ihre Tätigkeit in der realen Welt vorbereiten. Der Großteil der Arbeit der erleuchteten Minerval-Mitglieder konzentriert sich auf das Studium der Menschheit und die Verfeinerung der Methodik.

Jedem erleuchteten Minerval-Mitglied wird eine kleine Gruppe von Minervalen zugeteilt, die er untersuchen und auf einen bestimmten Weg führen soll. Folglich dienen die niederen Mitglieder des Ordens als Testpersonen für Verfahren und Vorgehensweisen, die auf die Masse im Allgemeinen angewandt werden.

Die Beherrschung der Fähigkeit, Menschen zu führen oder zu leiten, ist Voraussetzung für den Grad "Erleuchteter Minerval". Um das Gewissen der Menschen zu leiten und ein geschickter Psychologe zu werden, müssen die Mitglieder ihre Handlungen im Auge behalten und die Ziele, Tugenden, Wünsche und Schwächen der ihnen anvertrauten Minervalen ständig bewerten. Was die Anleitung ihrer Arbeit betrifft, so erhalten die Mitglieder ein ausgeklügeltes Paket von Anweisungen. Darüber hinaus sollen die Bewerber während ihres Aufstiegs im Orden an ihrer allmählichen Reinheit im Leben arbeiten.

Außerdem treffen sich die Mitglieder des Grades der Erleuchteten Minervalen jeden Monat, um die Berichte über die ihnen zugeteilten Gruppen von Minervalen zu prüfen. Die Protokolle der Minerval-Versammlung werden ebenfalls geprüft, geändert und schließlich an die obersten Behörden des Ordens weitergeleitet. Bei dieser Versammlung diskutieren die Mitglieder auch darüber, wie sie bei ihrer Arbeit die besten Ergebnisse erzielen können, und suchen bei schwierigen und demütigenden Vorfällen Rat bei den anderen Mitgliedern.

Freimaurerei und die Illuminaten

Weishaupt trat der Freimaurerei in der Loge Theodore of Good Counsel in München bei, ein Jahr nachdem er seinen Illuminatenorden gegründet hatte. Weishaupt warb in dieser Loge effektiv für seine Überzeugungen und ermutigte die Loge, sich dem Illuminatenorden anzuschließen.

Weishaupt verbündete die Illuminaten und die Freimaurerei im Jahr 1790, als Baron Adolf Franz Friedrich Knigge, ein berühmter deutscher Diplomat und Freimaurer, in den Orden aufgenommen wurde. Im Gegenzug wurden Knigges freimaurerische Zugehörigkeit und sein hervorragendes Organisationstalent vom Orden übernommen. Der Einfluss von Knigge auf den Orden hatte jedoch zwei wichtige Auswirkungen. Er konnte die Struktur des Ordens umstrukturieren, indem er neue höhere Ränge einführte, während er die ursprünglichen beibehielt, und er konnte die Freimaurerlogen vollständig in das System einbeziehen.

Knigge verschmolz die Ränge der Freimaurerei mit dem zweiten Grad der Illuminaten und machte die Freimaurerei zu einem Teil eines größeren illuministischen Rahmens. Ziel war es, Mitgliedern der Freimaurerfamilie aus verschiedenen Bereichen die Möglichkeit zu geben, in höhere Ränge aufzusteigen. Obwohl Knigge den Novizengrad des Ordens nicht änderte, fügte er eine schriftliche Erklärung an die Rekruten bei.

Knigge entwickelte eine neue Methode, die für die Freimaurer und andere mächtige Personen akzeptabel war. Infolgedessen gewann der Orden erheblich an Zugkraft und entwickelte sich zu einer beeindruckenden Bewegung.

Andererseits konnte sich Weishaupt nicht lange über den Erfolg seines Ordens freuen. Die bayerische Regierung erließ eine Verordnung, die alle Formen von Organisationen, Gemeinschaften und Bruderschaften verbot, die ohne die Erlaubnis des Gesetzes arbeiteten. Damit reagierte sie auf die weit verbreitete Befürchtung, die Illuminaten würden sich gegen politische Institutionen und religiöse Gruppen in ganz Europa verschwören.

Außerdem gab es interne Spannungen zwischen Weishaupt und der

Die Vorgesetzten des Ordens sorgten für Zwietracht und Konflikte. Einige Mitglieder entschieden sich dafür, gegen die Illuminaten vorzugehen und sagten vor den Behörden gegen den Orden aus.

Die bayerischen Illuminaten wurden angeblich 1788, zwölf Jahre nach ihrer Gründung, aufgrund der strengen Gesetze der Regierung aufgelöst. Auch die Mitglieder des Ordens wurden von den bayerischen Behörden strafrechtlich verfolgt. Auch wenn viele der Meinung waren, dass die Illuminaten in dieser Zeit besiegt worden waren, sollte nicht vergessen werden, dass der Orden die

Möglichkeit hatte, sich über die Grenzen Bayerns hinaus zu verbreiten. Es sollte erwähnt werden, dass es dem Orden gelang, Freimaurerlogen in ganz Europa zu erreichen. Infolgedessen wurden die Illuminaten nie aufgelöst oder ausgelöscht. Sie waren lediglich im Untergrund tätig. In Wirklichkeit erwiesen sich die Illuminaten während der Französischen Revolution, ein Jahr nachdem man angenommen hatte, dass sie ausgerottet seien, als sehr lebendig und eindrucksvoll.

Die Französische Revolution und die Illuminaten

Die französische Monarchie wurde 1789 brutal abgeschafft, was das Scheitern der alten Institutionen und den Triumph des Jakobinismus und Illuminismus bedeutete. Später erkannte die Erklärung der Menschenrechte die freimaurerischen und illuministischen Ideen an und machte sie zum Kernstück der französischen Staatsführung. Der neue Slogan des Landes lautete Liberté, Égalité, et Fraternité, was so viel wie Freiheit, Gleichheit und Brüderlichkeit bedeutet. Dieser Slogan wurde in den französischen Freimaurerlogen jahrhundertelang verwendet.

Das offizielle Papier der Erklärung der Menschenrechte war aus vielen esoterischen Symbolen zusammengesetzt. Diese Symbole sollten für Geheimgesellschaften stehen. Das alles sehende Auge befand sich in einem dreieckigen Emblem, das vom Licht des strahlenden Sterns Sirius umgeben war, der über allem anderen steht. Unter dem Titel des Dokuments erscheint das esoterische Symbol einer Schlange, die ihren Schwanz verschluckt. Dieses Zeichen ist als Ouroboros bekannt und steht im Zusammenhang mit den Grundprinzipien der Freimaurerei wie Alchemie, Hermetismus und Gnostizismus. Direkt unter dem Ouroboros kann eine purpurne phrygische Kappe entdeckt werden. Sie soll die Aufstände der Illuministen auf der ganzen Welt symbolisieren. Schließlich bewachen freimaurerische Säulen das gesamte Manuskript.

Protest gegen die Illuminaten

Während viele glaubten, die bayerischen Illuminaten seien ausgerottet worden, verbreiteten sich die Ideen des Ordens in ganz Europa. Offenbar überlebten die Illuminaten die florierenden Freimaurer und Rosenkreuzer. Europa befand sich zu dieser Zeit in schweren Unruhen, da eine neue Klasse von Personen die Machtmechanismen kontrollierte. Infolgedessen traten zahlreiche Kritiker auf, die die Verantwortlichen für die Veränderungen in Europa entlarvten.

Leopold Hoffmann, ein Freimaurer, der der Meinung war, die Illuminaten hätten seine Bruderschaft korrumpiert, war einer der ersten, der sich gegen die Illuminaten aussprach. Hoffmann veröffentlichte in seiner Zeitschrift "Wiener Zeitschrift" eine Reihe von Aufsätzen mit verschiedenen Behauptungen. In einer seiner Schriften behauptete Hoffmann, die Französische Revolution sei die Folge einer von langer Hand geplanten Propaganda der Illuminaten. Er sagte weiter, dass, obwohl die niederen Grade der Illuminaten eliminiert worden seien, die obersten Grade weiterhin aktiv blieben. Hoffman fuhr fort, dass seine Bruderschaft, die Freimaurerei, unterdrückt und zum Vorteil der Illuminaten umgewandelt worden sei.

Nach der Veröffentlichung von Hoffmans Schriften tauchte eine ganze Reihe von Neulingen auf. Im Jahr 1797 veröffentlichte John Robinson, ein schottischer Arzt, Erfinder, Mathematiker und Freimaurer, "Proofs of a Conspiracy Against All the Religions and Governments of Europe Carried on in the Secret Meetings of the Freemasons, Illuminati, and Reading Societies". Robinson war ein engagierter Freimaurer, der desillusioniert wurde, als er entdeckte, dass die Illuminaten in seine Bruderschaft eingedrungen waren.

Augustin Barrel, ein französischer Jesuitenpater, veröffentlichte im selben Jahr sein Werk Mémoires pour servir à l'histoire du Jacobisime. Die bayerischen Illuminaten waren laut Barrels Buch mit der Französischen Revolution verbunden. Er entschlüsselte auch die Phrase von Freiheit und Gleichheit, die auf die frühen Templer zurückgeht. Laut Barrel wurden Freiheit und Gleichheit in den höheren Graden der Illuminaten als ein Krieg gegen Könige und Thron und ein Krieg gegen Christus und seine Altäre dargestellt. Das Fass enthüllte auch Einzelheiten über die Kontrolle der Illuminaten über die Freimaurerei.

Die Ausbreitung der Illuminaten in ganz Amerika

Die meisten Forscher glauben, dass die Gründerväter der Vereinigten Staaten von Amerika Geheimgesellschaften wie der Freimaurerei, dem Rosenkreuzertum und anderen angehörten. Mehrere der Gründerväter reisten nach Europa, wo sie Einblicke und umfangreiche Informationen über die Ideen der Illuminaten erhielten.

Benjamin Franklin und George Washington waren zwei der bekanntesten Gründerväter, die angeblich Verbindungen zu den Illuministen hatten.

Benjamin Franklin reiste als Gesandter der Vereinigten Staaten nach Paris und blieb dort von 1776 bis 1785. Die bayerischen Illuminaten waren in diesen Jahren besonders aktiv. Franklin stieg zum Großmeister der Loge Les Neufs Soeurs auf, die dem Grand Orient von Frankreich angegliedert war. Es wurde behauptet, dass Franklins Freimaurergruppe das Hauptquartier der bayerischen Illuminaten in Frankreich war. Es wurde auch angenommen, dass sie eine wichtige Rolle bei der Organisation der französischen Unterstützung für die amerikanische und französische Revolution spielte.

George Washington wurde 1799 über das Ziel der Illuminaten informiert, alle politischen Institutionen und religiösen Gruppen zu stürzen. Der deutsche Minister G.W. Snyder antwortete Washington und erklärte, dass er sich der Lehren und finsteren Absichten der

Illuminaten sehr wohl bewusst sei. In seiner Antwort erklärte Washington jedoch auch, dass seiner Meinung nach keine Logen in den Vereinigten Staaten von Amerika mit den Ambitionen und Idealen der Illuminaten befleckt seien. Washingtons Antwort machte deutlich, dass er sich der Existenz der Illuminaten und ihrer Werte bewusst war. Washington war zwar der Meinung, dass die Freimaurer-Institutionen in den Vereinigten Staaten intakt oder von den Theorien der Illuminaten unberührt blieben, räumte aber ein, dass bestimmte Personen die Verbreitung der Illuminaten in Amerika gebilligt und sich ihnen angeschlossen haben könnten.

Die Illuminaten von heute

In der heutigen Zeit wird das Wort Illuminati oft verwendet, um eine winzige Anzahl von Menschen zu beschreiben.

Prominente Personen, die sich für die Bildung einer Eine-Welt-Regierung mit einer gemeinsamen Religion und Währung einsetzen. Es ist jedoch unklar, ob diese Organisation mit den ursprünglichen bayerischen Illuminaten verwandt ist oder ob ihre Ziele und Ideale denen des Weishaupt-Ordens ähnlich sind. Andererseits sind viele der Meinung, dass unabhängig davon, ob sich der Name Illuminati auf die okkulte Elite bezieht oder nicht, das Entscheidende die Kontinuität der Illuminaten ist, die es zu erkennen gilt.

Wenn der Illuminatenorden heute noch existiert, stellt sich die Frage, welche Form er annehmen wird. Die meisten Wissenschaftler sind der Meinung, dass mehrere aktuelle Geheimgesellschaften behaupten, Erben des Illuminismus zu sein, darunter auch der Ordo Templi Orientis (OTO). Andererseits sind einige Wissenschaftler der Meinung, dass es geheime Orden gibt, die die Illuminaten und die 33 sichtbaren Grade der Freimaurerei bilden. Da es sich sowohl bei den Illuminaten als auch bei der Freimaurerei um geheime Gruppen handelt, kann es schwierig sein, detaillierte und präzise Informationen über beide zu erhalten.

Infolgedessen sind die politischen Ziele der heutigen Illuminaten heute wesentlich klarer. Den Forschern zufolge ist eine kleine Gruppe damit betraut, wichtige Entscheidungen zu treffen und Politik zu machen. Inzwischen gibt es weltweit Gruppen und Ausschüsse, die Einfluss auf gewählte Politiker nehmen. Ihr Hauptziel ist es, eine globale Wirtschafts- und Sozialpolitik zu schaffen, in der eine nicht gewählte Schattenregierung als Zentrum der Weltautorität dient. Diese Regierung wird sich aus Eliten zusammensetzen. Auch das wird in diesen Tagen populär.

Studien über die zeitgenössischen Illuminaten zufolge gehören zu den folgenden elitären Räten und Organisationen Chatham House, das Weltwirtschaftsforum, die Trilaterale Kommission, die Brookings Institution und die Bilderberg-Gruppe. Der Bohemian Club hingegen ist dafür bekannt, dass er zwanglose Treffen und Partys mit Eliten und bizarren Riten und Bräuchen veranstaltet. Das Symbol des Clubs ist eine Eule. Wie bereits erwähnt, verwenden auch die bayerischen Illuminaten eine Eule, die das Siegel des Minerval ist.

Viele Wissenschaftler entdecken nun, dass die meisten, wenn nicht sogar alle Gäste und Mitglieder dieser Privatclubs zur Weltelite gehören. Bei den Veranstaltungen kommen die prominentesten und bedeutendsten CEOs, Wissenschaftler und Politiker zusammen. Die meisten von ihnen sind Sprossen großer Familien, die Schlüsselkomponenten der heutigen Wirtschaft wie Medien, Finanzsysteme und den Ölsektor kontrollieren.

Laut Fritz Springmeiers Buch Bloodlines of the Illuminati (Blutlinien der Illuminaten) setzen sich die heutigen Illuminaten aus den Nachkommen von dreizehn mächtigen Häusern zusammen. Von den Vorfahren dieser Familien ist bekannt, dass sie mit den ursprünglichen bayerischen Illuminaten verbunden waren oder mit ihnen in Verbindung standen. Die Kennedys, die Rockefellers, die Van Duyns, die Astors, die DuPonts, die Bundys, die Onassis, die Li, die Collins, die Reynolds, die Freemans, die Russells und die

21

Rothschilds gehören zu den 13 Linien, die in dem Buch erwähnt werden.

In Anbetracht ihres politischen und finanziellen Reichtums besteht kaum ein Zweifel daran, dass einige, wenn nicht sogar alle, dieser Familien weltweit einen erheblichen Einfluss ausüben. Es ist ziemlich wahrscheinlich, dass diese Familien den Kern der heutigen Illuminaten bilden.

KAPITEL 4
DIE ILLUMINATI UND MODERNE VERSCHWÖRUNGSTHEORIEN

Obwohl die Geschichte berichtet, dass die Illuminaten 1875 aufgelöst wurden, behaupten einige aktuelle Verschwörungstheoretiker, dass dies nicht stimmt. In der Tat glauben viele von ihnen, dass die Illuminaten nie wirklich aufgelöst wurden. Die Bande zog einfach in den Untergrund, wo sie weiterhin Mitglieder rekrutierte und ihre Ansichten verbreitete. Scheint das nicht harmlos genug zu sein? Nein, nicht ganz.

Die düsterste Version dieser Erzählung beginnt mit Weishaupts Übersiedlung nach Deutschland. Der Geschichte zufolge verbrachte er den Rest seines Lebens als Universitätsdozent, und als er starb, ging das, was vom Orden übrig war, mit ihm unter. Verschwörungstheoretiker sind da natürlich anderer Meinung, denn sie glauben, dass Weishaupt nie aufgehört hat, mit den Mitgliedern der Organisation zu kommunizieren. Während dieser ganzen Zeit hat er nur die Fassade aufrecht erhalten, um die Aufklärung zu fördern und die Ideologie einer Eine-Welt-Regierung voranzutreiben.

Auferstehung:

Nach dieser These hat die freidenkerische Ordnung, dieselben Individuen, die die Freiheit vom Machtmissbrauch anstrebten, in der Folge ihre Beweggründe verlagert und strebt nun nach globaler Dominanz. Klingt ein bisschen weit hergeholt, oder? Diese Verschwörungstheoretiker argumentieren, dass der typische Mensch, wenn er sich mehr Zeit nähme, um zu studieren und wirklich zu sehen, was um ihn herum geschieht, entdecken würde, dass der Beweis direkt vor seiner Nase liegt.

Die Illuminaten werden heute eher als eine verborgene Verschwörung angesehen, die sich aus einigen der mächtigsten und reichsten Personen der Welt zusammensetzt. Aus der Dunkelheit heraus,

Angeblich kontrollieren sie eine große Anzahl von Personen in Führungspositionen und weltweit führende Wirtschaftsunternehmen. Sie dringen in globale Unternehmen und Länder ein, steigen in die höchsten Ebenen auf und erlangen politische Macht und Einfluss. All dies geschieht, um die Neue Weltordnung vorzubereiten.

Auswirkungen auf Gesellschaft und Geschichte:

Seit der Gründung und dem angeblichen Zerfall der bayerischen Illuminatengruppe wurden viele Hypothesen aufgestellt, die die Gruppe für mehrere kritische Ereignisse verantwortlich machen, die zu großen Veränderungen führten. Zum Beispiel glauben viele, dass die Illuminaten für die Französische Revolution verantwortlich waren. Es war ihre gebildete Propaganda, die die Lunte entzündete und die Flammen der Revolution anfachte. Dies ist jedoch nicht das Ende der Geschichte.

Neben der Französischen Revolution sollen die Illuminaten noch eine ganze Reihe anderer historischer Ereignisse inszeniert haben. Unter ihnen sind:

- Der amerikanische Unabhängigkeitskrieg

- Die Ermordung von Präsident John F. Kennedy

- Waterloo ist eine Abkürzung für Waterloo, Ontario.

- Erster Weltkrieg

- Zweiter Weltkrieg

- Der Aufstieg des Kommunismus

Es wird behauptet, dass jedes Ereignis inszeniert wurde, um die Weltmächte zu schwächen und ihre Vorherrschaft zu beschleunigen. Einige Verschwörungstheoretiker glauben zum Beispiel, dass der Erste Weltkrieg inszeniert wurde, um den Zarismus in Russland zu beseitigen und das Land letztlich als Bastion für den Kommunismus zu etablieren. Jeder Schritt ist kalkuliert, und da der Rest der Welt nicht informiert ist, können sie mit relativer Leichtigkeit vorgehen.

Dasselbe gilt für den Zweiten Weltkrieg, in dem die Faschisten gegen die so genannten politischen Zionisten antraten, um den Kommunismus so weit zu stärken, dass er die geballte Macht der Christenheit übertraf. Wie sieht es in der Zukunft aus? Der Masterplan der Illuminaten sieht angeblich einen Dritten Weltkrieg vor, in dem muslimische oder islamisch geführte Staaten gegen westliche Staaten antreten sollen. Sollte dies gelingen, hätte der Konflikt verheerende Auswirkungen auf die Weltwirtschaft und würde sie in die Knie zwingen. An diesem Punkt hätten die verschiedenen Länder der Welt keine andere Wahl, als sich dem System der Einen-Welt-Regierung zu unterwerfen und von den Illuminaten regiert zu werden.

Ist das nicht ein erschreckender Gedanke? Noch schlimmer ist, dass viele Verschwörungstheoretiker glauben, dass der Einfluss der Illuminaten überall um sie herum ist und dass der Plan der Neuen Weltordnung bereits in Gang gesetzt wurde. Einige behaupten sogar, dass wir bereits die ersten Phasen der neuen Weltordnung erleben, und was wird geschehen, wenn nichts dagegen unternommen wird? Diese Neue Weltordnung könnte schon viel früher kommen, als wir glauben. Wenn wir sie erkennen, wird es bereits zu spät sein.

KAPITEL 5
DER ZWECK
UND DIE ZIELE DER ILLUMINATI

Das Ziel der Illuminaten, das in diesem Kapitel untersucht werden soll, basiert auf Personen, die behaupten, Mitglieder der Illuminaten zu sein, und die ihr Schweigen gelegentlich brechen. Sie wählen bestimmte Personen aus, um ihre Gedanken zu äußern und diejenigen herauszufordern, die sie kritisieren. Diese Mitglieder sagen jedoch, dass sie sich ständig verstecken, wie sie es schon immer getan haben, um sich vor denen zu schützen, die ihnen schaden wollen.

Andererseits basieren die Ambitionen der Illuminaten, die in diesem Kapitel diskutiert werden, auf Dr. John Colemans Buch Conspirators' Hierarchy: Das Komitee der 300, das veröffentlicht wurde, nachdem er zahlreiche Länder bereist hatte, um die gesamte verborgene Parallelregierung der oberen Ebene zu enthüllen. Er sagt, dass diese Parallelregierung sowohl die Vereinigten Staaten von Amerika als auch das Vereinigte Königreich von Großbritannien regiert.

Der Zweck der Illuminaten

Einigen mutmaßlichen Mitgliedern der Illuminaten zufolge besteht das Hauptziel des Ordens darin, die menschliche Existenz in der Gegenwart zu sichern. Sie befürchten, dass auch die menschliche Spezies aussterben wird; daher versuchen die Menschen, das Aussterben zu verhindern. Diese vermeintlichen Mitglieder behaupten, dass die Nationen zwar Grenzen haben, aber alle Menschen Mitglieder derselben biologischen Familie sind und somit eine Gemeinschaft bilden. Darüber hinaus argumentieren sie, dass jeder Mensch für das Überleben der menschlichen Rasse von entscheidender Bedeutung ist, so wie es große Könige und

Königinnen für ihre Herrschaftsgebiete waren.

Nach Ansicht dieser angeblichen Illuminati-Mitglieder sind die Menschen

Emotionen, Disharmonie und Instinkte sind allesamt natürliche Einflussfaktoren. Infolgedessen neigt ein Mensch dazu, sich aus Gründen, die vielleicht in vielen Jahren keine Rolle mehr spielen, gegen einen anderen Menschen zu wenden. Die Aufgabe der Illuminaten ist es daher, die Interessen der gesamten menschlichen Rasse zu wahren. Sie bieten verschiedene Programme und Abteilungen an, um sicherzustellen, dass alle Altersgruppen und alle Lebensbereiche berücksichtigt werden. Die Illuminaten behaupten, die derzeitige Vorherrschaft der Menschheit über andere Arten und Raubtiere auf der Erde gesichert zu haben.

Die Ziele der Illuminaten

Die Illuminaten haben laut Dr. John Colemans Buch Conspiracy' Hierarchy (Verschwörerhierarchie) Methoden und Verfahren entwickelt, um eine Neue Weltordnung zu errichten, die auf ihren Idealen und Werten basiert: Das Komitee der 300. Coleman behauptet auch, dass die Illuminaten Kader von Handlangern gebildet haben, um ihre Pläne auszuführen. Coleman nennt einundzwanzig Ziele der Illuminaten, basierend auf seinen Studien und den Möglichkeiten, die ihm gegeben wurden, um einzigartige Illuminatenpapiere zu erwerben.

Erstens streben die Illuminaten eine Weltregierung an, die nur aus einer Religion und einer einzigen, vom Orden kontrollierten Währung besteht.

Zweitens versuchen die Illuminaten, die Identität und den Stolz der einzelnen Nationen vollständig zu zerstören. Das liegt daran, dass die Menschen eine supernationale Weltregierung nur dann akzeptieren und annehmen werden, wenn diese Elemente zerstört sind.

Drittens streben die Illuminaten die Ausrottung aller Religionen an, insbesondere der christlichen. Infolgedessen wird der Orden nur eine Weltreligion errichten.

Viertens streben die Illuminaten die Entwicklung von Technologien zur Gedankenkontrolle an, um menschliche Roboter zu schaffen, die auf äußere Impulse und Anweisungen reagieren können.

Fünftens planen die Illuminaten, alle Industrialisierungssysteme zu stoppen, mit Ausnahme der Computer- und Dienstleistungsindustrie. Die Idee ist, eine postindustrielle Gesellschaft mit Nullwachstum zu schaffen, während sich andere Sektoren auf die Länder der Dritten Welt konzentrieren werden.

Sechstens planen die Illuminaten, den Konsum von illegalen Drogen zu fördern und schließlich zu legalisieren und aus Pornografie Kunst zu machen, die zunächst genehmigt und dann völlig normalisiert wird.

Siebtens zielen die Illuminaten darauf ab, Großstädte nach dem Vorbild der Blutbäder in Kambodscha zu verwüsten, die angeblich von Pol Pot, einem sozialistischen Revolutionär, verursacht wurden.

Achtens: Die Illuminaten versuchen, künftige wissenschaftliche Durchbrüche zu unterbinden, es sei denn, sie entsprechen den Zielen des Ordens.

Neuntens: Die Illuminaten wollen bis 2050 drei Milliarden Menschen vorzeitig töten. Dies wird entweder durch Hungersnöte und Krankheiten in den Entwicklungsländern oder durch regionale Konflikte in den reichen Ländern geschehen. Das Komitee der 300 wies den Außenminister der Vereinigten Staaten während Carters Diktatur, Cyrus Vance, an, eine Studie über die Bevölkerungsreduzierung vorzulegen, und zwar genau darüber, wie sie erreicht werden kann. Präsident Carter und der damalige

Außenminister Edwin Muskie erkannten das Dokument von Vance, den Global 2000 Report, an und unterstützten es. Nach dem Global 2000 Report ist eine der Forderungen, dass die US-Bevölkerung bis 2050 um 100 Millionen Menschen reduziert werden soll.

Zehntens versuchen die Illuminaten, die Moral der Menschen zu senken und die Arbeiterklasse durch weit verbreitete Arbeitslosigkeit zu entmutigen. Infolgedessen werden die Arbeitslosen ermutigt, Drogen zu nehmen und dem Alkohol zu verfallen. Außerdem werden die Kinder ermutigt, gegen den Status quo zu rebellieren, was zu schwächeren oder gespaltenen Familien führt, die durch Drogenkonsum und freie Musik entstehen.

Elftes: Die Illuminaten planen, die Menschen nach einer Katastrophe mit Krisen kämpfen zu lassen, um sie daran zu hindern, ihr Schicksal selbst zu bestimmen. Infolge der Überwältigung durch verschiedene unangenehme Umstände werden die Menschen lernen, sich auf die Eine Regierung zu verlassen. Die Federal Emergency Management Agency (FEMA) existiert bereits als Krisenmanagementeinrichtung.

Zwölftens planen die Illuminaten die Einführung neuer Kulte, um die bestehenden zu ergänzen.

Dreizehntens planen die Illuminaten, den Protestantismus oder christlichen Fundamentalismus zu fördern, was letztlich den Interessen des zionistischen israelischen Staates zugute kommt.

Vierzehntens planen die Illuminaten, religiöse Gruppen wie die Sikhs und die Muslimbruderschaft zu fördern und Experimente zur Gedankenkontrolle durchzuführen. Diese Experimente werden mit dem Massenmord/Selbstmord von über 900 Personen unter der Aufsicht des amerikanischen Sektenführers James Warren Jim Jones vergleichbar sein. Jones wies seine Anhänger an, eine Kombination aus Flavor Aid mit Traubengeschmack und Zyanid zu schlucken. Außerdem ordnete er an, dass die gleiche Mischung Jugendlichen eines bestimmten Alters injiziert werden sollte.

Fünfzehntens versuchen die Illuminaten, die Religionsfreiheit zu fördern, indem sie eine Gesellschaft errichten, in der alle anderen derzeitigen Glaubensrichtungen, insbesondere das Christentum, in Frage gestellt und untergraben werden. Die Theologie der Befreiung gilt als der Ausgangspunkt des Ordens.

Sechzehntens planen die Illuminaten, die Weltwirtschaft zu stören, was zu einem völligen politischen Chaos führen wird.

Die Illuminaten versuchen, die gesamte Innen- und Außenpolitik der Vereinigten Staaten von Amerika am siebzehnten zu regieren.

Die Illuminaten wollen supranationale Organisationen wie die Organisation der Vereinten Nationen (UNO), die Bank für Internationalen Zahlungsausgleich (BIZ), den Internationalen Währungsfonds (IWF) und den Internationalen Gerichtshof (IGH) am meisten unterstützen. Darüber hinaus wollen die Illuminaten gezielt lokale und nationale Institutionen auflösen oder unter die Aufsicht der Vereinten Nationen stellen.

Am neunzehnten versuchen die Illuminaten, alle Regierungen zu destabilisieren und zu stürzen, um die Souveränität jeder Nation im Inneren zu spalten und zu zerstören.

Zwanzigtens beabsichtigen die Illuminaten, den weltweiten Terrorismus zu schüren und mit den Terroristen zu verhandeln, während sie ihre terroristischen Handlungen ausführen.

Einundzwanzigste, die Illuminaten versuchen, das Bildungssystem der Vereinigten Staaten von Amerika zu kontrollieren und schließlich zu zerstören.

Laut Coleman arbeiteten und arbeiten die Agenten der Illuminaten unter dem Vorwand des Kampfes gegen den Zionismus und die Regierung.

KAPITEL 6
DER VERMEINTLICHE EINFLUSS DER VOLKSKULTUR DER ILLUMINATION

Wenn wir an Populärkultur denken, fallen uns als erstes Bücher, Filme und Musik ein - scheinbar harmlose Formen der Unterhaltung, die wir täglich genießen. Würden Sie sie noch auf die gleiche Weise betrachten können, wenn Sie erfahren, dass sie möglicherweise mit den Illuminaten in Verbindung stehen? In diesem Sinne beziehen wir uns auf die angebliche verborgene Kabale, die die Weltherrschaft anstrebt, die Gruppe von Personen, von der Verschwörungstheoretiker behaupten, dass sie die Dinge hinter den Kulissen kontrolliert.

Beginnen wir mit Filmen, die als Illuminaten-Propaganda gelten.

Viele Verschwörungstheoretiker behaupten, dass der Einfluss des Ordens auf Hollywood mit Stanley Kubricks Film "Eyes Wide Shut" begann. Er war einer der ersten, der das Konzept der Geheimgesellschaften propagierte und ausnutzte. Der Tod des Regisseurs nur wenige Monate vor der Premiere des Films hat die Debatte über die Verbindungen des Films zu den Illuminaten weiter angeheizt. Es wurde spekuliert, dass Kubricks Engagement, den Film zu veröffentlichen und die Welt in gewisser Weise über bestehende Geheimorganisationen aufzuklären, zu seinem ungeklärten und vorzeitigen Tod führte.

Die Darstellung der geheimen Kabale im Film wurde untrennbar mit den Illuminaten selbst verbunden, mit Roben, Masken, seltsamen Ritualen und privaten Zusammenkünften, für die Passwörter benötigt wurden. Diese Gegenstände schufen das öffentliche Bild davon, wie es ist, ein Mitglied der echten Illuminaten zu sein.

Dan Browns The Da Vinci Code ist ein weiterer Film, der sich mit dem Konzept einer verborgenen Verschwörung beschäftigt.

Dämonen und Engel Der Roman wurde 2009 verfilmt, wodurch das Konzept einem weitaus größeren Publikum zugänglich gemacht wurde, als es Eyes Wide Shut erreichen konnte. In diesem Thriller liefert sich der Protagonist einen Wettlauf mit der Zeit, um zu verhindern, dass die Illuminaten, eine verborgene religiöse Gruppe, die Vatikanstadt zerstören. Der Film zeigt, dass beide Seiten ihre eigenen Geheimnisse haben, und der Protagonist muss einige dieser Geheimnisse herausfinden, um zu triumphieren. Schließlich willigt der Vatikan ein, ihn in die Keller des Vatikans zu führen, wo die Geheimarchive untergebracht sind; alles ist durch kugelsicheres Glas geschützt.

Was ist die Wahrheit? Das Archiv existiert tatsächlich. Allerdings ist es hinter einem Flügel versteckt. Es befindet sich hinter dem Petersdom und wird von manchen als Festung bezeichnet. Dieses Bauwerk wird von einer Phalanx von Schweizergardisten und Gendarmeriebeamten des Staates bewacht. Innerhalb der Mauern befinden sich 52 Kilometer Regale und alte Holzkisten, in denen die einzigartigen Sammlungen verschiedener Pergamentbriefe aufbewahrt werden, die dem Heiligen Stuhl von Potentaten, Herrschern und Häretikern übergeben wurden. Sie enthält auch Mitteilungen zwischen dem Vatikan und einigen der berühmtesten Persönlichkeiten der Geschichte, darunter Karl der Große, Erasmus, Mozart, Michelangelo, Voltaire, Königin Elisabeth I. und Adolf Hitler.

Der Gedanke an Geheimnisse, die hinter diesen Mauern verborgen sind, ist also nicht allzu weit hergeholt und trägt dazu bei, dass der Betrachter an diese Vorstellung glaubt. In der Tat haben viele Menschen geglaubt, dass der Inhalt dieses Buches wahr ist oder zumindest Hinweise darauf enthält, was ihnen vorenthalten wird.

Schauen Sie sich diese beiden Filme jetzt genauer an. In Eyes Wide

Shut wird der verborgene Orden als der Antagonist der Geschichte dargestellt. In Engel und Dämonen hingegen werden sie als eine Gruppe dargestellt, die danach strebt, die Hand (den Vatikan), die alle Geheimnisse vor den Menschen verbirgt, aufzuklären und zu zerstören. Ist das nicht eine bemerkenswerte Wendung? Den Verschwörungstheoretikern zufolge ist das alles Teil der Propaganda. Anstatt die Menschen mit ihrer Geheimniskrämerei und Exklusivität zu verängstigen, öffnen sie sich der breiten Öffentlichkeit und behalten gleichzeitig die vollständige Kontrolle über das, was veröffentlicht wird.

Wenn sie wissen müssen, wer wir sind, sind wir diejenigen, die ihnen sagen, was sie wissen dürfen und was nicht.

Sie können über populärkulturelle Medien wie Bücher, Filme und Serien ein verzerrtes Bild der Organisation vermitteln - einen romantischeren, weniger bösen Blick auf ihre Motive und Methoden zur Erreichung ihrer Ziele. Natürlich ist diese Strategie wirksam. Viele Menschen sind von dem Konzept fasziniert, und einige haben sich sogar freiwillig zur Mitarbeit gemeldet. In anderer Hinsicht ist der Orden zu einem Mythos geworden, der ein Gefühl von Abenteuer und Aufrichtigkeit ausstrahlt, von dem Verschwörungstheoretiker behaupten, es sei alles nur ein Trick.

Liste von Filmen über die Illuminaten und ähnliche Ideale:

Der Begriff "Gleichgewicht" bezieht sich auf den Zustand, sich in einem Zustand zu befinden. In diesem Film setzt eine Diktatur Pharmazeutika ein, um die Gefühle der Menschen zu betäuben und die Bevölkerung zu kontrollieren.

- V for Vendetta ist ein Film über Rache. In einer allmächtigen, dystopischen Zukunft plant das Subjekt der vielen Experimente der Regierung seine Rache an dem System, das ihn hervorgebracht und so viele andere getötet hat.

- X-Akten: Kampf um die Zukunft Zwei FBI-Agenten decken eine weltweite Verschwörung auf, die darauf abzielt, das Leben aller Menschen auf der Erde zu beeinflussen und zu kontrollieren.

- Star Wars". Ein interplanetarer Konflikt wurde von einem ehrgeizigen Politiker ausgelöst, der seine Macht festigen und eine globale Regierung errichten wollte.

- Nineteen Eighty-Four ist ein Jahr im Jahr des (1984). Der Film zeigt eine totalitäre Gesellschaft, die von einer Big-Brother-Figur und ihrer aristokratischen Inneren Partei regiert wird. Um die Bevölkerung im Griff zu behalten, setzt das Establishment auf Gedankenkontrolle und ständige Konflikte.

- The Matrix ist ein Science-Fiction-Film, der 1999 in die Kinos kam. Der vielleicht bekannteste Film der Reihe zeigt ein Universum jenseits dessen, was wir kennen, und weist darauf hin, dass alles um uns herum eine Illusion ist.

- The Devil's Advocate (Der Anwalt des Teufels) Ein Anwalt aus einer Kleinstadt erhält die Chance seines Lebens, muss aber feststellen, dass der Preis dafür höher ist, als er erwartet hat. Al Pacino spielt in diesem Film den Satan.

- Tomb Raider ist ein Videospiel. Die Gegner des Films entpuppen sich als Mitglieder der Illuminaten-Organisation, die um den Besitz eines äußerst mächtigen Relikts wetteifern. Man kann nur darüber spekulieren, was sie mit diesem Gegenstand vorhaben.

Der Einfluss der Illuminaten auf die Musik:

Die Verbreitung von Mythen und Emblemen, die sich auf die Illuminaten beziehen, ist in der Musikindustrie deutlich sichtbarer geworden. Zahlreiche Künstler haben begonnen, mit dem Konzept zu experimentieren. Verschwörungstheoretiker sind der Meinung, dass zwar nicht jeder in der Szene wirklich mit der Organisation verbunden ist, aber ein großer Prozentsatz von ihnen. Entgegen der landläufigen Meinung behaupten sie jedoch, dass Popsänger und Künstler nur Marionetten der Illuminaten und keine Mitglieder der Gruppe sind.

Verschwörungstheoretiker behaupten, dass die Illuminaten ebenso wie Regierungen und multinationale Konzerne in die obersten Ebenen der Unterhaltungsbranche eingedrungen sind. Dies sind die Personen, die die Entscheidungen treffen und die Macht haben, die Popularität eines Künstlers zu gewähren oder zu entziehen. Betrachten Sie es als Übergabe Ihrer Seele an den Teufel im Gegenzug für den Erfolg in der Branche. Alles, was Sie tun müssen, ist, die Anweisungen zu befolgen und ihre Fehlinformationen an ein noch größeres Publikum weiterzugeben.

Es wird behauptet, dass viele prominente Sänger diesen Pakt geschlossen haben, wobei Jay-Z und Beyonce die bekanntesten sind. Bei ihren Konzerten verwenden sie häufig Illuminati-Symbole, wobei Jay-Z die Pyramide als charakteristische Handgeste für sein Label übernommen hat. Viele Musikvideos und Songtexte enthalten Bilder der Illuminaten und der Neuen Weltordnung. Auf den ersten Blick mag es sich dabei um unschuldige Poesie handeln, aber bei genauerer Betrachtung und einem besseren Verständnis der Ziele der Illuminaten wird man klarer sehen.

KAPITEL 7
GLAUBENSSÄTZE DER ILLUMINATI

Die Lehren der Illuminaten stützen sich auf vier Hauptkonzepte. Dazu gehören die Lehren von Freiheit und Glauben, Gott und Satan, Geld und Überfluss sowie Wert und Handel.

Der Grundsatz von Freiheit und Glaube

Der Illuminatenorden hat keine anderen Überzeugungen als die der Souveränität der menschlichen Rasse. Gelehrte glauben, dass der Illuminatenorden ein elitäres Unternehmen weltweiter, prominenter und mächtiger Menschen ist und keine Religion, Kirche, Wohltätigkeitsorganisation oder politische Organisation. Die Illuminaten sollen nur zur Wahrung der Interessen der menschlichen Rasse tätig sein; folglich verwalten sie sich selbst und sind mit keiner menschlichen Spaltung, wie etwa politischen oder religiösen Differenzen, verbunden. Da ihre Aufgabe darin besteht, die Interessen der menschlichen Spezies zu verteidigen, funktioniert sie nur für dieses Ziel. Sie erlegt niemandem moralische, religiöse oder persönliche Anbetungsanforderungen auf.

Die Illuminaten sind der Ansicht, dass alle Menschen, die sich ihrem Zweck, ihren Zielen und Werten verschrieben haben, frei sind, ihr Leben zu gestalten, solange dies immer im besten Interesse der Menschheit geschieht. Die Mitglieder der Illuminaten werden heute als Anhänger des Illuminatismus bezeichnet, die geografische, generationsbedingte und theologische Grenzen beiseite lassen, um als eine einheitliche Einheit mit mehreren charakteristischen Elementen zu funktionieren.

Die Lehren Gottes und Satans

Der Glaube ist nach Ansicht der Illuminaten ein Eindruck von etwas, das nicht bewiesen werden kann. Die Menschen befolgen die Anweisungen des Illuminatenordens.

Eine bestimmte religiöse Schrift aus einer nicht überprüfbaren Quelle oder von einem Autor, den er nie gesehen oder mit dem er nie zu tun hatte. Außerdem glauben viele Menschen an ein spirituelles Wesen, weil ihnen jemand von Wundern erzählt hat, der zum Zeitpunkt der Ereignisse noch nicht einmal am Leben war.

Die Illuminaten hingegen sagen, dass die Verurteilung des Glaubens eine Dummheit ist, da sich der Glaube nicht auf die Religion beschränkt. Die theologische Grundlage der Illuminaten beruht auf dem herausfordernden Dilemma von Glaube und Skepsis. Der Illuminatenorden spekuliert nicht darüber, ob es eine Gottheit gibt oder nicht; dennoch ist die Religion des Illuminatenordens auf die Verbesserung der menschlichen Rasse auf der Erde ausgerichtet. Die Entscheidungen der Illuminaten beruhen auf dem Studium von Tatsachen und Beweisen, d. h. von Variablen, die eine allwissende Figur anpassen kann, um das menschliche Handeln und die Zukunft zu beeinflussen.

Die Illuminaten widerlegen die trügerische Vorstellung der Öffentlichkeit, dass der Orden entweder mit Gott oder mit Satan in Verbindung steht und dass die Untaten vieler Menschen unter ihrer Leitung stehen. Darüber hinaus erkennt der Illuminatenorden weder eine Gottheit an noch lehnt er sie ab, und er betrachtet auch nicht eine Gottheit als der anderen überlegen. Er bekräftigt, dass der Orden existiert, um die menschliche Spezies zu verbessern.

Die Illuminaten leugnen auch die Beteiligung an grausamen Verbrechen wie Gewaltritualen und Menschenopfern. Der Orden beteuert, dass er sich voll und ganz für die Erhaltung der Menschheit einsetzt, auch wenn es seinen Mitgliedern freisteht, welcher Gottheit sie folgen wollen, da der Orden Menschenopfer oder jede Handlung, die gegen die Erhaltung der menschlichen Spezies verstößt, verbietet.

Unabhängig davon, ob eine Gottheit für ihre Mitglieder erforderlich ist oder nicht, behaupten die Illuminaten lediglich, dass es am wichtigsten ist, das Beste für die Menschheit zu tun. Wenn es eine höhere Macht gibt, wird der Akt der Freundlichkeit belohnt werden.

Geld und Fülle Lehrsatz

Der Illuminatenorden ist der Ansicht, dass der weltliche Einfluss einer Person in Geld gemessen werden kann. Nach Ansicht dieser exklusiven Gruppe von Beeinflussern verbreiten viele Menschen, die nie Reichtum erfahren haben, häufig negative Unterstellungen über Geld, die besagen, dass es häufig die Grundlage allen Übels ist. Die Illuminaten hingegen widersprechen dieser Auffassung und behaupten, dass Geld tatsächlich die quälendsten Ereignisse im Leben eines Menschen lösen kann. Mütter zum Beispiel nutzen das Geld, um die materiellen Bedürfnisse ihrer Kinder zu befriedigen. Künstler werden für ihre Mühen und ihr jahrelanges Können in ihrem Beruf finanziell entschädigt. Daher sind die Illuminaten der Meinung, dass Geld nicht von Natur aus schlecht ist.

Andererseits sagt der Orden, dass die Art und Weise, wie Geld verwendet wird, gut oder böse ist. Da es keine Stimme, keine Seele und keine Gefühle hat, kann Geld nicht vorschreiben, wie es verwendet werden soll. Folglich kann Geld entweder gut oder schlecht sein, je nachdem, wie es verwendet wird. Das bedeutet, dass Geld nicht nur dazu verwendet werden kann, jemanden zu verletzen, sondern auch, ihn zu heilen. Ein konkreteres Beispiel: Bettler sehen im Geld eine Nahrungsquelle und das Leben, während Tyrannen im Geld ein Werkzeug für Waffen und sogar den Tod sehen.

Der Illuminatenorden ist der Ansicht, dass jeder nach Überfluss streben sollte, da die Erde mit Ressourcen gefüllt ist, die jeder genießen kann. Der Orden vergleicht ein wohlhabendes Leben mit einem Schluck Wasser. Wenn man will, ist das Leben reich.

Das Glas ist bis zum Rand mit Wasser gefüllt, das sich über den Rand ergießt. Wenn eine Person ein Leben in Fülle genießt, hat sie die Flexibilität, anderen zu helfen, da sie sich selbst nicht mehr helfen muss.

Was die Beziehung zwischen Geld und Überfluss betrifft, so sind die Illuminaten der Meinung, dass Geld an denen gemessen werden kann, die es besitzen. Zum Beispiel sind hundert Dollar viel für einen Bettler; hundert Dollar sind viel für einen Millionär; Hunderttausende versetzen einen Milliardär in die Lage, Leben zu retten, indem er Notwendiges wie Nahrung, Unterkunft und Medikamente bereitstellt. Wenn eine Person jedoch mittellos ist oder ein begrenztes Leben hat, kann sie niemanden retten, nicht einmal sich selbst.

Wert- und Handelsprinzip

Der Orden der Illuminaten betrachtet Dinge, die kostenlos sind, als wertlos. Die meisten Kosten müssen jedoch nicht in Form von Geld bezahlt werden. Ein starker Intellekt, zum Beispiel, kostet die Stunden, die eine Person mit Lernen und Lesen verbringt. Ein gesunder Körperbau erfordert die Arbeit einer Person und die Zeit, die sie mit der Zubereitung von Essen und mit Sport verbringt. Die Illuminaten hingegen sind der Meinung, dass Geld einen numerischen Wert für fast alles auf der Erde darstellt, wodurch Geld zu einer marktfähigen Ware wird, die sowohl Arbeit als auch Wissen beinhaltet.

Nach Ansicht des Illuminatenordens besteht die Hauptfunktion des Geldes darin, der Arbeit und dem Verständnis für den Beruf einen mathematischen Wert zu verleihen. Ein Jurastudent zum Beispiel zahlt Geld an eine Schule, um die für seinen künftigen Beruf erforderlichen Informationen zu erhalten. Die Informationen, die der Jurist von den Professoren erhält, werden mit Geld vergütet. Geld kann dazu verwendet werden, die Bemühungen und das Fachwissen anderer Personen in der Zukunft zu bezahlen, auch wenn diese nicht die Dienste eines Anwalts benötigen.

Das Konzept der Illuminaten über Wert und Handel besagt, dass Dinge von Wert niemals kostenlos sind, da sie sonst wertlos sind.

KAPITEL 8
SYMBOLISMUS, RITUALE UND OKKULTISMUS BEI DEN ILLUMINATI

Die Illuminaten und ihre Rituale sind mit einer breiten Palette von Symbolen verbunden. Viele dieser Symbole können regelmäßig beobachtet werden und bleiben unentdeckt, es sei denn, Sie öffnen Ihre Aufmerksamkeit für ihre verschiedenen möglichen Bedeutungen.

Hier ist eine Handvoll der bekanntesten:

- Auf der Spitze einer Pyramide befindet sich ein allsehendes Auge. Diese Kombination ist eines der bekanntesten Embleme der Illuminaten. Das Auge steht für die Herrschaft der Illuminaten, während die Pyramide die Machtstruktur darstellt, mit einer kleinen Zahl an der Spitze und einer großen Zahl am unteren Ende.

- Das Pentagramm wurde in sein Gegenteil verkehrt. Viele sehen es als Zeichen des Bösen, da es die Gottheit der Unterwelt darstellt, die den Himmel angreift und ihre Hörner in den Himmel streckt.

- Das alles sehende Auge Dies steht für die Fähigkeit der Illuminaten, alles zu sehen und zu kontrollieren. Es wird auch angenommen, dass es ihre Fähigkeit demonstriert, überall zu sein und viele verschiedene Bereiche zu infiltrieren, um die Saat für ihren Masterplan zu säen.

- Eulen sind eine Vogelart. Für viele verschiedene Zivilisationen steht die Eule für Weisheit. In der Symbolik der Illuminaten steht sie jedoch für den erleuchteten

Geisteszustand des Ordens. Sie halten sich selbst für die Klügsten und müssen daher die Welt beherrschen. Das Minerva-Emblem wurde auch von der Elite des Bohemian Grove sowie von den Minervalen der Bayerischen Illuminaten verwendet.

- Obelisken sind eine Art von Monument. Obelisken werden verwendet, um die vielen Machtzentren der Illuminaten zu kennzeichnen. Er wurde verwendet, um die militärische Vorherrschaft in Washington, D.C. zu demonstrieren. Es wird angenommen, dass die Obelisken in New York und London ihre finanzielle Vorherrschaft symbolisieren.

Was ist die Bedeutung dieser Symbole?

Schauen Sie sich nur an, wie viele Prominente das einäugige Emblem übernommen haben und es zu einer Modeerscheinung gemacht haben, die von der Öffentlichkeit angenommen wurde. Das allsehende Auge wird durch das Bild eines sichtbaren und eines verdeckten Auges dargestellt. Berühmtheiten wie Lady Gaga, Kim Kardashian und Rihanna haben dieses Motiv mehrfach verwendet und es zu einer prominenten Position gemacht, die viele andere zu imitieren versuchen.

Eine weitere gebräuchliche Handbewegung ist das Okay-Zeichen, das ebenfalls die Zahl sechs darstellt. Ohne den Kontext der Illuminaten wird diese Handbewegung oft verwendet, um auszudrücken, dass alles in Ordnung ist oder dass es mir gut geht. Für die Mitglieder der Illuminaten steht sie jedoch für die dreifache Sechs oder die Zahl des Tieres. Mit anderen Worten, es ist auch ein Versprechen der Hingabe an Satan.

Außerdem gibt es verschiedene Formen des geheimen Händedrucks, mit dem sich die Mitglieder des Ordens gegenseitig begrüßen. Meistens sind diese Handschläge jedoch nur für höherrangige

Mitglieder bestimmt und nicht für jedermann zugänglich.

Die Rituale der Illuminaten:

Man könnte meinen, dass eine Organisation, die so modern und zielgerichtet erscheint, keinen Zweck für alte Riten hat. Verschwörungstheoretikern zufolge ist dies bei den Illuminaten ganz sicher nicht der Fall. In Wirklichkeit sind ihre Riten identisch mit denen, die vor Jahrtausenden angewandt wurden, angefangen bei Tieropfern. Warum ist dies der Fall? Die Illuminaten glauben an die spirituelle Welt, und indem sie sich über diese Rituale mit ihr verbinden, hoffen sie, die Kontrolle über die Energien zu erlangen, die alles antreiben. Mehr Macht hält diese Leute für einen längeren Zeitraum im Geschäft.

Nach Ansicht von Verschwörungstheoretikern haben die Illuminaten sechs große Studienbereiche. Die Wissenschaften und die Spiritualität sind zwei der wichtigsten, aber auch die am stärksten ausgeprägten. Es wird auch behauptet, dass ein Mitglied unabhängig von der Abteilung, aus der es kommt, verpflichtet ist, an hohen Tagen an spirituellen Riten teilzunehmen. Dies ist ein wesentliches Merkmal ihrer Mitgliedschaft im Orden.

Der keltische spirituelle Zweig glaubt, dass die Macht beim Übergang zwischen Leben und Tod übertragen wird. Dies steht im Mittelpunkt eines Ritus, bei dem Erwachsene und Kinder gefesselt und über ihnen ausgeblutet werden. Sie glauben, dass der Mensch dadurch Kraft von der verstorbenen Seele des Tieres erhält.

Es ist anzumerken, dass all dieses Material von Verschwörungstheoretikern verbreitet wurde, und dass es, wie viele andere mit den Illuminaten in Verbindung gebrachte Überzeugungen, nie schlüssig bestätigt wurde.

KAPITEL 9
SYMBOLE DER ILLUMINATI

Der Illuminatenorden verwendet Symbole, die die meisten Menschen mit Kunstwerken, visuellen Medien und Architektur in Verbindung bringen. Die Illuminaten hingegen behaupten, dass ihre Embleme als erhabene Lehren für diejenigen dienen, die sich entscheiden, dem Licht zu folgen. In diesem Kapitel werden wir jedes Zeichen eingehend untersuchen, um zu verstehen, was es symbolisiert.

Pyramide von Gizeh

Die Illuminaten benutzen die Pyramide als Symbol, um zu zeigen, dass jeder ein Mitglied des höchst komplizierten Prozesses ist. Jede Stufe der Pyramide ist entscheidend; ohne sie gäbe es überhaupt keine Struktur. Die Pyramide soll jeden daran erinnern, dass der Weg des Lebens ganz unten beginnt. Nur wenige steigen jedoch auf oder erreichen die nächste Stufe. Je weiter ein Mensch in der Pyramide aufsteigt, desto bewusster wird er sich seiner Rolle auf der Erde.

Der Beobachter

Die Illuminaten verwenden das Auge als Symbol für jemanden, der alles sieht und weiß. Es ist das Herzstück des Lichts. Nach dem Illuminatenorden ist das Licht auf die Wahrheit ausgerichtet, und diejenigen, die ihm folgen, werden zum Kern des Universellen Designs unseres Planeten. Die Illuminaten beschreiben das Auge als einen Hirten, der seine ganze Herde sieht und versteht.

Das Sonnenlicht

Die Illuminaten verwenden das Licht als Symbol für die allgegenwärtige Führung in einer Welt voller Widrigkeiten, Konflikte und Missverständnisse. Jeder ist auf der Suche nach dem

Der Glanz des Lichts reflektiert es in die dunklen Ecken der Welt. Ebenso werden die Menschen, die ihm folgen, um die Menschheit zu verbessern, von einer unsichtbaren und nicht identifizierten höheren Autorität belohnt.

Der Unendliche/Kreis

Die Illuminaten verwenden den Ewigen oder den Kreis als Symbol, um ihr Engagement für die Welt zu verdeutlichen, das Jahrtausende und die meisten traditionellen politischen Einheiten überdauert hat. Obwohl die Operationen der Illuminaten nur selten erkannt oder anerkannt werden, beeinflussen sie nach eigenen Angaben weiterhin wichtige Bewegungen auf der Erde. Der Orden behauptet, die menschliche Spezies anzuführen und vor dem Aussterben zu bewahren. Der Ewige steht für die Fähigkeit der Illuminaten, ewig zu bestehen.

KAPITEL 10
DIE
POLITISCHE AGENDA DER
ILLUMINATI

Das britische Reich ist ein Reich der Freimaurer, so wie das portugiesische Reich ein Reich des Christusordens war. Über diesem Reich stehen die so genannten Illuminaten, die genauso gebildet sind wie die unter ihnen. Mit anderen Worten, es handelt sich um sehr mächtige, egoistische, geisteskranke und arrogante Individuen, deren Taten und Missbrauch historischer Symbole ihre Vorfahren in Verlegenheit bringen würden. Sie sollten stattdessen Schatten der Illuminaten genannt werden, weil nichts an ihnen aufschlussreich ist. Dieser Begriff wurde auch missbraucht, damit die Massen glauben, dass ihre Macht legitim ist und sie sich nicht wehren, wenn die Zeit kommt, in der sie die Welt im kommunistischen Stil regieren.

Während die Menschen immer noch davon überzeugt sind, dass Politiker und Monarchen sie kontrollieren, thront hinter der transparenten Regierung eine unsichtbare Regierung, die dem Volk keine Loyalität schuldet und keine Rechenschaft ablegt (Präsident Theodore Roosevelt). Die Welt wird von Menschen regiert, die ganz anders sind als diejenigen, die nicht hinter den Kulissen stehen" (der britische Premierminister Benjamin Disraeli). Heute kontrolliert die Illuminaten-Organisation, die oft als Schattenregierung bezeichnet wird, die wichtigsten Kräfte der internationalen Sicherheit und Spionage, wie die CIA, das FBI, Europol und den MI5, vollständig. Sie funktioniert auf so subtile Weise, dass wir kaum merken, wie die Kontrolle wächst. Wenn ein Führer nicht korrupt ist, wird er zuerst mit Gerüchten angegriffen, auf seltsame Weise ermordet oder aufgrund falscher Anschuldigungen inhaftiert. Die emotionale Distanzierung und Apathie des Volkes gegenüber seinen Führern und den berühmtesten Propheten

Sie ist nach wie vor eines der am häufigsten eingesetzten Instrumente zur Massenkontrolle.

Die Vorstellung ist arrogant, da sie der Meinung sind, dass der Mensch über einen langen Zeitraum hinweg aufgrund seiner Anpassungsfähigkeit überlebt hat und dass das, was heute erforderlich ist, vorausschauend ist. (Treffen der Bilderberger, 1969)

Dies wurde ursprünglich einem religiösen Führer in China zugeschrieben, einem Mönch des Zen-Buddhismus. Es begann damit, dass er gezwungen wurde, versteckte Kameras im Tempel zu installieren und seine Weltanschauung in Zusammenarbeit mit den politischen Behörden zu ändern, um sie an ein gemeinsames Regierungsideal anzupassen. Er weigerte sich jedoch mit dem Argument, dass dies gegen seine Ideale verstoße, und informierte seine Anhänger öffentlich über den Versuch, ihn zu bestechen. So verschwand eines Tages sein Telefon, von dem aus manipulierte Fotos und Texte an seine Anhänger und seine Internet-Homepage geschickt wurden, in denen er sich angeblich als Orgien feiernder Meditationslehrer darstellte. Auf mehreren Fotos war er sogar mit Kleinkindern zu sehen, die angeblich seine eigenen waren.

Aus Angst vor den Folgen schwiegen die anderen Buddhisten in der Gruppe über die Realität, und dieser Mönch sah sich gezwungen, seinem Leben im Tempel, seiner Führungsrolle und seinem Status als Mönch abzuschwören. In seinem letzten Beitrag behauptete er, dass er von seinen Anhängern in einer Grube von Unwahrheiten in seinem Namen ausgesetzt worden sei und dass dies der Grund dafür sei.

Eine weitere Maßnahme der kommunistischen Regierung Chinas ist die Entwicklung von Smartphone-Anwendungen in Form von Spielen, von denen die Bürger glauben, dass sie dazu dienen, Kriminelle zu fangen, um dafür Geld zu erhalten, aber sie fördern ihre Zusammenarbeit bei der Verfolgung politisch Andersdenkender, indem sie Menschen in der Öffentlichkeit belästigen und jeden fotografieren, den sie sehen. Um ein Gefühl dafür zu bekommen, wie aufdringlich und missbräuchlich eine solche Gesellschaft ist, versuchen Sie einmal, sich in ein öffentliches Fahrzeug zu setzen und sich die ganze Zeit fotografieren zu lassen, während Ihr Hintergrund untersucht wird. In Wirklichkeit werden diese Programme auf Fernsehbildschirmen in Zügen und U-Bahnen beworben, um die Fahrgäste zum Herunterladen zu verleiten.

Dieser Ansatz der chinesischen Regierung stützt sich auf die Annahme, dass wir bereits in einem Post-Informationszeitalter leben. Es kommt nicht mehr auf die Menge der Informationen an, die man hat oder zu denen man Zugang hat, sondern auf die Fähigkeit, sie zu sortieren und zu nutzen. In der modernen Kultur ist das wichtigste Gut die Aufmerksamkeit - die Fähigkeit, sie zu fordern und die Bereitschaft, sie zu geben (Arno A. Penzias auf dem Bilderberg-Treffen, 1995). Andererseits ist die Machtelite der Meinung, dass jede politische, militärische oder wirtschaftliche Aktion einer Nation die Zustimmung des Volkes haben muss. Es ist die Aufgabe unserer Führer, das sich verändernde Umfeld, mit dem wir jetzt konfrontiert sind, sowie die Notwendigkeit, unsere verschiedenen Sicherheitssysteme auf den neuesten Stand zu bringen, klar und rational zu definieren (Manfred Worner auf dem Bilderberg-Treffen, 1993).

Wie wir sehen, ist in einer solchen Gesellschaft niemand mehr sicher, denn jeder wäre sich selbst ein Feind, und es wäre fast unmöglich, das System zu bekämpfen. Wie im heutigen China wären die Bürger sowohl die Gefangenen als auch die Wächter des Gefängnisses.

Ein weiterer Vorteil von Smartphones ist, dass sie es ermöglichen, Menschen überall auf der Welt zu verfolgen und persönliche Informationen über sie zu sammeln, wie z. B. Webseiten, die sie besuchen, und Nachrichten, die sie senden und lesen, aber auch, dass Hacker in ihr Privatleben eindringen und alles Mögliche damit anstellen können, einschließlich der Kriminalisierung von Menschen für Dinge, die sie nicht getan haben. Das Problem mit der Zukunft ist, dass sie nicht mehr das ist, was sie einmal war (Paul Valery), was bedeutet, dass eine solche Zukunft in den Händen einiger weniger Auserwählter und extrem Starker liegt. Der Weg zur absoluten Tyrannei kann heute nur mit legalen Mitteln gepflastert werden (Senator William Jenner).

KAPITEL 11
DIE STRATEGIE DER ILLUMINATI

Die Illuminaten der heutigen Zeit sind Mitglieder der reichen Elite aus der ganzen Welt. Ihre Aktivitäten basieren auf verschiedenen anderen historischen Organisationen, die mit der Erleuchtung und gnostischen Traditionen verbunden sind, wie den Tempelrittern, den Rosenkreuzern, den Satanisten und den Druiden. Sie haben ihre Ideen und Praktiken so gestaltet, dass sie ihren eigenen Interessen dienen und nicht dazu, die Spiritualität oder das Mitgefühl der Menschen zu fördern. Die Illuminaten als religiöse Institution gründen sich auf egoistische Ideale und unterstützen daher die böse Seite der menschlichen Seele, die in der Kabbala auch als Baum des Todes bezeichnet wird. Damit fordert er die alten Illuminaten heraus, d. h. die heutigen Rosenkreuzer, Freimaurer, Scientologen, Buddhisten, Hindus und so weiter. Deshalb versuchen sie, alle Religionen auszurotten und sie unter ihrem Licht und ihren Regeln zu vereinen. In politischer und finanzieller Hinsicht sind die Illuminaten der Meinung, dass globale Regierungen und politische Souveränität dem Untergang geweiht sind. Sie versuchen, solche Regierungen durch ihre Unterorganisationen, wie die Bilderberg-Gruppe, zu ersetzen.

Die Bilderberg-Gruppe ist der Ansicht, dass eine Zusammenarbeit zwischen den Zentralbankern einer wohlwollenden Vernachlässigung vorzuziehen ist; dass die politischen Entscheidungsträger Disziplin walten lassen müssen - sowohl bei der Stärkung der wirtschaftlichen Fundamentaldaten als auch bei der Aufrechterhaltung einer konsistenten öffentlichen Haltung, wenn sie auf den Devisenmärkten intervenieren; dass Regulierung oder Kontrollen nicht funktionieren werden; und dass eine glaubwürdige Alternative zum Dollar als Reservewährung wünschenswert ist (Hilmar Kopper auf dem Bilderberg-Treffen, 1995). Während ihrer Diskussionen "gibt es keine Resolutionen, über die debattiert oder abgestimmt wird. Das Ziel der Diskussion ist es, einen vollständigen

Überblick über die auf der Tagesordnung stehenden Themen zu geben, aus dem jeder Teilnehmer sein eigenes Urteil bilden kann. Es wird jedoch davon ausgegangen, dass die Teilnehmer der Treffen besser darauf vorbereitet sind, ihre Macht zur Verbesserung der globalen Beziehungen einzusetzen. Aus diesem Grund sind die Presse und die Öffentlichkeit von der Teilnahme ausgeschlossen, und es werden keine Hintergrunddokumente oder Reden zur Verfügung gestellt" (Notice to Participants in the Bilderberg Meeting of 1974).

Trotz der Geheimniskrämerei ist jetzt klar, dass der erste Schritt der Strategie darin besteht, die Massenverschuldung durch Manipulation von Aktien und Zinssätzen auszuweiten. Und da die meisten Menschen irgendwann nicht mehr in der Lage sein werden, ihre Kredite zu bezahlen, werden die nationalen Banken bankrott gehen, weshalb wir so viele unerwartet geschlossene Türen auf der ganzen Welt sehen, insbesondere in den ärmsten Ländern Europas, wie Portugal und Spanien. Jedes Mal, wenn dies geschah, verloren die Menschen ihre gesamten Lebensersparnisse, die von ihren Konten verschwanden und in den Händen der Machtelite, den Schuldeneintreibern, landeten.

Wenn die Menschen auf den Straßen randalieren und Massendemonstrationen gegen ihre Regierungen beginnen, wird der Ausnahmezustand ausgerufen, der ein militärisches Eingreifen und die Verhängung des Kriegsrechts legitimiert. Die Nato und andere internationale Streitkräfte werden zum Eingreifen aufgefordert, bis eine Lösung präsentiert wird, die den Frieden zwischen allen Nationen garantiert. Diese Lösung wird von den Bankern und Führern dieses Illuminatenordens entworfen, bevor sie das weltweite Chaos inszenieren, gemäß einem ihrer Lieblingszitate und Illuminatenprämisse, ordo ab Chao, was soviel wie Ordnung aus dem Chaos bedeutet.

Während einige glauben, dass Widerstand denkbar ist, ist es wichtig, darauf hinzuweisen, dass viele Illuminati-Mitglieder derzeit oder in der Vergangenheit militärische Befehlshaber und Politiker waren, die in der Kriegsführung sehr gut ausgebildet sind und es verstehen, Überraschungen zu ihrem Vorteil zu nutzen. Nach der Machtübernahme durch das Militär wird die Bevölkerung vor nur zwei Alternativen stehen. Wer sich der neuen Ordnung widersetzt, kann inhaftiert, gefoltert und getötet werden, wie die Geschichte der Sowjetunion, Nazideutschlands und Mao Zedongs Revolution zeigt. Die Geschichte wird sich wiederholen, weil die Bevölkerung im Dunkeln tappt, die Fakten nicht kennt, nicht weiß, wie die Welt wirklich funktioniert, und nicht bereit ist zu verstehen, wie sie sich schützen kann, während sie durch Ablenkungen abgelenkt wird, die sich ihr selbst entgegenstellen, wie Rassismus, Diskriminierung und andere Konflikte, die jeden daran hindern, zu sehen, was jenseits dieser Dualität geschieht, von t

In ihrer Hybris glauben die Illuminatenführer, dass die große Mehrheit der Bevölkerung nichts weiter als hirnlose Schafe sind, die sich, wie heute im kommunistischen China, bereitwillig führen lassen, wenn sie eine starke Führung und finanzielle Unterstützung erhalten, aber auch, wenn sie für Ungehorsam hart bestraft werden.

Hillary Clinton, die von der Bankenelite unterstützt wird, um die nächste Präsidentin der Vereinigten Staaten zu werden und einen globalen Krieg gegen Russland und andere Länder zu beginnen, fasste diese Strategie perfekt zusammen, als sie sagte: "Wir können den Menschen einfach nicht zutrauen, Entscheidungen zu treffen." Die Regierung muss Entscheidungen für das Volk treffen. Es ist Zeit für einen Neuanfang. Wir müssen unseren Fokus weg vom Individuum und hin zu dem, was für die Gesellschaft von Vorteil ist, verlagern.

Verschiedenen Quellen zufolge handelt es sich bei den herrschenden Familien des Illuminatenordens, insbesondere den Rothschilds, Rockefellers, Carnegies, Mellons und Vanderbilts, um dieselben Familien, die Clintons Wahlkampf unterstützt haben und die Antworten auf die chaotische Welt vorschlagen werden, die sie errichten. Es wird ein neues Währungssystem eingeführt, das auf einem internationalen Währungssystem und einer virtuellen Währung basiert. Dieselben Personen werden die wirtschaftliche und politische Führung der Welt organisieren und sichern. Sie argumentieren, dass es unmöglich ist, eine unabhängige Geldpolitik, feste Zinssätze und Kapitalmobilität zu haben; eines davon, die geldpolitische Unabhängigkeit, muss geopfert werden, was eine einzige Währung voraussetzt (Bilderbert Meeting, 1995).

KAPITEL 12
ERLEUCHTUNG DURCH
DIE ILLUMINATI

Die Vision der Illuminaten von der Erleuchtung basiert auf einer Interpretation der letzten spirituellen Ebene der Kabbala, der Krone. Der gekrönte Mensch hat keine Angst vor der Dunkelheit und kann sie sogar nutzen, um das Licht zu fördern. Er hat keine Angst vor Leiden oder Tod, weil er deren Bedeutung und Ziel in der größeren Dynamik der Ereignisse erkennt, die das Leben braucht, um voranzukommen. Außerdem sieht er das Gesetz nicht als ein unterdrückerisches Instrument, sondern als eine Methode, um ein richtiges Gleichgewicht auf der Erde zu erreichen. Deshalb liebt er auch nicht im menschlichen, sondern im göttlichen Sinne. Wenn es nötig ist, wird er zerstören, um etwas Größeres zu entwickeln und aufzubauen. Wenn es keinen Frieden zu bewahren gibt, schicken solche Menschen keine Friedenstruppen (Peter Carrington auf dem Bilderberg-Treffen, 1995).

Jemand, der eine solche Mentalität hat und die Menschheit mit ihren dummen Gewohnheiten, Ritualen und Wünschen verachtet, wird manchmal als Narr bezeichnet. Im Gegensatz dazu verfügt er in Wirklichkeit über die Energie des Sports und des Magiers, beides Kräfte jenseits dessen, was die Augen der Menschen wahrnehmen können. Der Narr hat keine irdischen Verpflichtungen und ist frei, aufrichtig und ohne die Zwänge von Annahmen und Illusionen zu denken. Der Magier kennt die Beziehung zwischen Materie und Geist, und er kann alles auf Befehl erschaffen. Er hat Macht über das physische Universum, die er nutzt, um die Gedanken der Menschen, ihre verblendeten Ängste und Wünsche sowie ihre auf fünf Sinnen beruhenden Überzeugungen über die Realität zu manipulieren.

Dies ist der Grund, warum "ohne die Verlagerung der Wirtschaft von der regionalen und nationalen auf die globale Ebene sowie die systematische Entwicklung der Technologie,

durch eine gleichzeitige Erforschung der inneren Wirklichkeit und der Persönlichkeitsharmonie des Menschen gestützt wird, kann nur zu einem Rückschritt durch eine Rückkehr zu einem noch beschränkteren Positivismus als dem von Auguste Comte und Littré führen" (Dr. Henri Hartung auf dem Bilderberg-Treffen, 1968). Und so ist der gekrönte Mensch im Idealfall allen Menschen überlegen, nicht weil er ihnen überlegen ist, sondern weil er durch seine Taten und die Ehrlichkeit seiner wahrheitsgemäßen Erkenntnisse, die er sowohl mit dem Bewusstsein der Gesetze von Ursache und Wirkung als auch durch das umfassende Studium metaphysischer Erkenntnisse erworben hat, losgelöst von der Bedeutung, die das Leben auf der Erde für seine reinkarnierten Seelen hat, die weiter bestehen I

Der gekrönte Mensch hat keine solchen Anhaftungen und ist glücklich in seiner Freude an der Freiheit, während er die volle Bedeutung seiner spirituellen Existenz in sich aufnimmt, wie ein Bodhisattva, der kein Leben braucht, sondern lebt, um anderen zu einem besseren Leben zu verhelfen. Deshalb nennen wir diesen Zustand einen gekrönten Zustand, da der König der einzige ist, der dem Königreich dienen kann. Dieses Reich gehört Gott, dem Vater vieler Reiche (wie Jesus sagte, als er sich auf seine vielen Wohnungen bezog), und doch hat es genug Platz für viele Könige. In der Tat sind die Menschen dazu bestimmt, die Herrscher dieses Reiches zu sein, was bedeutet, dass sie der Natur und dem Leben im Allgemeinen und seinem Wunsch nach dem Reich dienen.

Die meisten Menschen werden diese Wahrheiten nie begreifen, weil sie ein schlechtes Lebensurteil haben und ihre geistige Freiheit nur begrenzt ist. Die Mehrheit der Menschen zieht nicht um. Sie leben und sterben innerhalb weniger Kilometer ihres Geburtsortes (Philip Martin auf dem Bilderberg-Treffen, 1993). Geld mag in ihrer Gesellschaft von Bedeutung sein. Dennoch sollte es niemals die Macht ersetzen, die eine erwachte Seele über sie hat, da es lediglich eine physische Existenzform ist, eine Illusion wie viele andere, die von Menschen geschaffen wurden, um die Menschheit in eine Falle zu locken. Aus diesem Grund muss der gekrönte Mensch lernen, das Geld zu beherrschen und sich gleichzeitig von ihm zu trennen, da seine Unabhängigkeit von einer solchen ausgewogenen Haltung abhängt.

Es mag uns schwer fallen, aus diesem Weltbild auszubrechen. Infolgedessen beruht die Dualität des Lebens für viele auf der unangenehmen Wahrheit, dass eine Person, die nicht in der Lage ist, die von ihr gewünschte Arbeit zu kaufen, Unannehmlichkeiten oder Einkommenseinbußen erleidet, während eine Person, die nicht in der Lage ist, ihre Arbeit zu verkaufen, faktisch darüber informiert wird, dass sie keinen Nutzen hat. Das erste Problem ist eine Unannehmlichkeit oder ein Verlust, während das zweite eine persönliche Katastrophe ist (Sir William Beveridge auf dem Bilderberg-Treffen, 1995). Dennoch sollten wir weiterhin nach unbegrenztem Wohlstand streben und dabei unser Ziel nicht aus den Augen verlieren, denn der Wohlstand wird unser ganzes Leben durchdringen und uns Freude und Freiheit schenken. Vor allem müssen wir daran denken, dass Kapitalismus ohne Bankrott dem Christentum ohne Verdammnis entspricht" (Bilderberg-Treffen, 1995).

KAPITEL 13
DIE VERBINDUNG ZWISCHEN ILLUMINATI UND FREIMAUREREI

Wenn es um starke Geheimgesellschaften geht, kommt einem eine andere Gruppe in den Sinn, deren Name fast mit den Illuminaten in Verbindung gebracht wird, obwohl behauptet wird, dass es sich um völlig unterschiedliche Organisationen handelt.

Die Freimaurer sind eine brüderliche Gesellschaft, die den ursprünglichen bayerischen Illuminaten vorausgeht. Ihre Anfänge gehen auf die örtlichen Bruderschaften der Steinmetze zurück, die gegründet wurden, um die Legitimation der Freimaurer sowie ihre Beziehungen zu Behörden und Kunden zu regeln. Die Ähnlichkeit mit den Illuminaten ergibt sich aus der Tatsache, dass die beiden Organisationen viele Parallelen aufweisen und sich ihre Wege mehrfach gekreuzt haben.

Möglicherweise gibt es eine Verbindung zwischen den Freimaurern und den Illuminaten, auch wenn sie schwer zu beweisen ist. Es wird allgemein angenommen, dass ein Delegierter der Illuminaten 1782 an einer Freimaurerkonferenz teilnahm. Diese fand in Wilhelmsbad, Hessen, Deutschland, statt und wurde vom Herzog von Braunschweig genehmigt und geschützt. Es sollte jedoch betont werden, dass die Freimaurer eine wesentlich ältere Organisation sind, die seit dem 16. Jahrhundert besteht und dieselben aufklärerischen Grundsätze wie die Illuminaten vertritt. Sie glauben an die Gleichheit aller Menschen sowie an die Existenz eines höchsten Wesens. Wohltätigkeit ist eine weitere Aufgabe, die die Freimaurer regelmäßig erfüllen. Bestimmte Bräuche können sich von einer Loge zur nächsten ändern, aber das Engagement der Mitglieder wird durch einen Eid, ein Gelübde gegenüber der Bruderschaft, zementiert.

Eine weitere Ähnlichkeit zwischen den beiden Orden besteht darin, dass sie Anziehungspunkte für Diskussionen, Verfolgung und Kritik sind. Es gibt Verschwörungstheoretiker, die glauben, dass die Freimaurer und die Illuminaten die Weltherrschaft anstreben. Sie haben die Fäden in der Hand und regieren die Welt hinter den Kulissen. Eines der von den Freimaurern verwendeten Embleme ist das allsehende Auge.

Ein britischer Autor namens John Robinson soll die Beziehungen zwischen den beiden Orden aufgedeckt haben. Im Jahr 1798 veröffentlichte er ein Buch, in dem er alle Verbindungen zwischen den verschiedenen Gruppierungen und das sich entwickelnde Komplott gegen die europäischen Regierungen und Religionen aufdeckte. Sein Werk und das des Abtes Agustin Barruel gaben Adam Weishaupt die volle Schuld für seine Mitgliedschaft in den bayerischen Illuminaten und die Verbreitung der Ideen der Aufklärung. Beide Autoren waren Royalisten, die behaupteten, die Französische Revolution sei das Werk zahlreicher Organisationen, darunter die Freimaurer und die Illuminaten. Sie behaupteten, dass sie auf das Denken der zufriedenen Bauern eingewirkt und sie von der Religion zum Atheismus, von der Anständigkeit zur Lasterhaftigkeit und von der eifrigen Treue zur tödlichen Revolte gebracht hätten.

Aber sind diese Behauptungen wahr? Nein, nicht ganz. Die Vorstellung, dass Geheimgesellschaften den Geist der Französischen Revolution beeinflussten und zu ihm beitrugen, ist nicht völlig unbegründet. Man bedenke, dass die eher rationalistisch orientierten Freimaurer zusammen mit den Illuminaten eine erhebliche Gefahr für die europäischen Oligarchien jener Zeit darstellten, die sich allesamt auf die Autorität der römisch-katholischen Kirche stützten, um sich zu legitimieren. Zahlreiche Historiker gehen davon aus, dass zahlreiche Geheimorganisationen es sich zur Aufgabe gemacht haben, antimonarchistische Ansichten zu verbreiten und die Kirche öffentlich zu kritisieren. Nach Ansicht dieser Geheimorganisationen war die Kirche ein Hindernis für den Fortschritt, den wissenschaftlichen Fortschritt und die wahre Freiheit. Es ist jedoch nicht erwiesen, dass sie die Hauptursache für die Revolution selbst waren.

Der Hauptunterschied zwischen den Orden:

Wenn wir die Illuminaten mit den Freimaurern vergleichen, ist der offensichtlichste Unterschied zwischen den beiden ihr übergeordnetes Ziel als Orden. Verschiedenen Verschwörungstheorien zufolge wollen die Illuminaten eine neue Weltordnung errichten, die das Funktionieren der Welt grundlegend verändern würde. Die Freimaurer hingegen streben eine neue Art von Gesellschaft an, in der Ehre und Ritterlichkeit einen hohen Stellenwert haben. Sie sind nicht daran interessiert, Macht über die Menschen zu erlangen, sondern vielmehr daran, positive Veränderungen herbeizuführen.

KAPITEL 14
DIE POPULÄREN ILLUMINATI-VERSCHWÖRUNGSTHEORIEN

Im Laufe der Jahre sind unzählige Verschwörungstheorien über die Illuminaten aufgetaucht, die von glaubwürdig bis hin zu wirklich seltsam reichen. In dieser Liste gehen wir einige der bekanntesten Theorien durch, von denen viele Menschen glauben, dass sie wahr sind.

Die 9/11-Gräueltat

Er gilt als einer der abscheulichsten Terroranschläge auf amerikanischem Boden und viele Verschwörungstheoretiker glauben, dass die Illuminaten ihn verübt haben, um einen neuen globalen Krieg auszulösen. Diese Tragödie war der entscheidende Moment für die US-Regierung, wenn es um die Bekämpfung des Terrorismus geht.

Die Ermordung von John F. Kennedy

Auch mehrere Jahre nach der Ermordung von JFK gibt es immer noch viele Kontroversen und Diskussionen darüber. Einige behaupten, sie akzeptieren die Behauptungen der Regierung, während andere argumentieren, dass es viele Widersprüche in diesen Behauptungen gibt, die nie vollständig geklärt wurden. Einige glauben, dass JFK ermordet wurde, weil er versuchte, den Einfluss der Illuminaten auf die Regierung aufzudecken. Er war der Bauer, der sich weigerte, Anweisungen zu befolgen, und als solcher musste er beseitigt werden.

'Prominente Bauern'

Die Top-Superstars von heute haben unbestreitbar Macht und Einfluss. Sie können Sie überreden, etwas zu kaufen oder sogar an ein Konzept zu glauben. Einige Verschwörungstheoretiker behaupten, dass einige dieser Berühmtheiten von den Illuminaten als Marionetten benutzt werden. Sie verbreiten Fehlinformationen auf subtile und nicht so subtile Weise. Da die nächste Generation von jeder ihrer Handlungen fasziniert ist und versucht, sie nachzuahmen, ist dies zweifellos eine der besten Methoden zur Verbreitung des Wortes, und die Illuminaten nutzen dies voll aus. Man bedenke, wie viele Prominente die Symbolik der Illuminaten in ihrem Verhalten, ihren Auftritten, ihren Musikvideos und sogar in ihren Liedtexten zeigen.

Die Verdummung der Menschen

Es ist kein Geheimnis, dass der Normalbürger mehr über das Leben eines Prominenten weiß als über das, was um ihn herum vorgeht. Laut Verschwörungstheoretikern ist dies auch Teil des Gesamtplans der Illuminaten - eine Strategie, um die Aufmerksamkeit der Menschen abzulenken, damit niemand ihre Machenschaften bemerkt. Die Illuminaten sollen die Medien kontrollieren, die Nachrichten über Prominente verbreiten, und sie dazu zwingen, selbst die kleinsten Neuigkeiten über eine bestimmte Persönlichkeit ununterbrochen zu veröffentlichen. Inmitten all dieser irrelevanten Informationen wird die Durchschnittsbevölkerung immer wieder auf das Wesentliche aufmerksam gemacht.

Morde an Berühmtheiten

Die meisten Menschen würden den Tod von Prominenten als traurig, aber nicht als außergewöhnlich empfinden. Bestimmte Todesfälle sollen jedoch nach Ansicht von Verschwörungstheoretikern das Werk der Illuminaten sein. Dies bezieht sich auf Prominente, die etwas gefunden haben, das sie nicht haben sollten, und dies nun bekannt geben wollen. Einige Prominente haben sich möglicherweise geweigert, an den Plänen der Illuminaten mitzuwirken, und wurden schließlich vernichtet, weil sie für die Organisation nicht mehr nützlich waren. Menschen wie

Prinzessin Diana und Amy Winehouse sind vielleicht durch die Hand der Illuminaten umgekommen, aber der Mord wurde sorgfältig verheimlicht.

Software zur Gedankenkontrolle

Bei den Illuminaten handelt es sich um eine der dunkleren Verschwörungsideen. Die Illuminaten setzen Gedankenkontrolle und Programmierung ein, um Menschen zu zwingen, ihren Befehlen ohne Zweifel oder Zögern zu gehorchen. Man denke an den Einsatz von Personen, die ihre Ideen und ihr Verhalten nicht mehr kontrollieren können, für verschiedene Propagandazwecke. Einigen Verschwörungstheoretikern zufolge könnten auch prominente Persönlichkeiten dieser Art von Programmierung unterzogen worden sein, und die Veränderungen lassen sich an der Art und Weise ablesen, wie ihre Karrieren in alarmierendem Tempo angestiegen sind.

Neben Prominenten glauben andere, dass auch Politiker dieser Art von Gehirnwäsche unterworfen wurden und dass sie nur als Fassade für das Ziel der Illuminaten fungieren.

KAPITEL 15
DIE ZWEIGE DES ILLUMINATI-BAUMS

Wenn Sie sehen wollen, was mit einer vom Illuminatenorden kontrollierten Welt passieren würde, gehen Sie ins moderne kommunistische China und sehen Sie, wie gehirngewaschene Menschen ihr Leben leben, kontrolliert durch Angst und Überwachung in jeder Ecke jeder Stadt und jedes Dorfes, wie eine Nation, die durch die Macht des Völkermords und beispiellose Todesurteile kontrolliert wird, die meist für politische Zwecke eingesetzt werden, aufgegeben hat zu träumen. Denn das ist der perfekte Rahmen für die Welt, wie die Illuminaten meinen. David Rockefeller, der Begründer der Bilderberg-Gesellschaft, sagte in einem Interview: "Was auch immer die chinesische Revolution gekostet hat, es ist ihr gelungen, nicht nur eine effizientere und hingebungsvollere Regierung zu etablieren, sondern auch eine hohe Moral und Zweckgemeinschaft zu schaffen." Unter der Führung des Vorsitzenden Mao war Chinas soziales Experiment eines der bedeutendsten und erfolgreichsten in der Geschichte der Menschheit.

Wir können jedoch nicht behaupten, dass die Illuminaten die vollständige Macht über jeden Führer und jedes Land haben, da seither mehrere gegen das System rebelliert haben. Die Geschichte ist selten so linear, wie es scheint, und die Religion ist keine Ausnahme. Das Christentum hat sich zum Beispiel in zwei Zweige gespalten. Maria Magdalena floh nach Frankreich, und Petrus, der Jesus die etablierte Autorität gestohlen hatte, fühlte sich berufen, sein Erbe fortzuführen und zu bewahren. Dies hatte zur Folge, dass ihr Ruf ebenso wie die Ideale Jesu für immer ruiniert waren. Die heutige Bibel basiert auf gnostischen Schriften, die falsch übersetzt wurden, nachdem andere vernichtet oder abgelehnt wurden, weil sie nicht den Vorstellungen der Päpste entsprachen, die für ihren

Missbrauch verantwortlich waren. Und da keiner der Päpste echt ist, können wir nicht davon ausgehen, dass die christliche Bibel jemals auf Wahrheit beruhte. In einem der verlorenen Evangelien wird Petrus beschrieben, wie er im Thomas-Evangelium sagt: "Maria soll uns verlassen, denn die Frauen verdienen das Leben nicht". Und in der Pistis Sophia schreibt er: "Wir sind nicht in der Lage, diese Frau zu dulden, die uns unserer Chance beraubt."

Worauf spielte Petrus an, als er "Gelegenheit" sagte? Im Mainstream-Christentum wird Maria Magdalena als reuige Sünderin und erlöste Prostituierte dargestellt, aber im Gnostizismus wird sie als das Haupt der christlichen Kirche angesehen. Jesus liebte sie mehr als die anderen Jünger (Philippus-Evangelium) und mehr als die anderen Frauen (Maria-Evangelium) und sagte zu ihr: Maria, du Gesegnete, die ich in allen Geheimnissen vollenden werde (Pistis Sophia), denn ich habe dir die Herrschaft über alle Dinge und Söhne des Lichts gegeben (Sophia von Jesus Christus).

Der Begriff Illuminati leitet sich von den Äußerungen Jesu und Maria Magdalenas ab, denn Menschen, die die Geheimnisse des Lichts nicht verstehen, gelten als im Dunkeln tappend und unfähig zu sehen. Maria Magdalena erklärt im Maria-Evangelium: "Was euch verborgen ist, werde ich euch verkünden".

Die Geschichten der anderen Religionen sind nicht viel anders. Die Buddhisten haben lange Zeit die Legitimität des Dalai Lama angefochten, und die Debatten zwischen Schulen wie Gelug und Nyingma dauern bis heute an. Obwohl Aleister Crowley heute eines der angesehensten Mitglieder der Illuminaten ist, starb er mittellos und ohne Anhänger. Eine Person, die seine Lehren gründlich studierte, erlangte jedoch letztendlich einen größeren Ruf, der stark genug war, um die gleiche Technik zu rechtfertigen, die verwendet wird, wenn eine Kirche so groß wird wie Scientology, die am schnellsten wachsende Kirche der Welt. Der Schöpfer der Scientology, Ron Hubbard, wurde verfolgt, und sein Ruf wird auch noch über dreißig Jahre nach seinem Tod angegriffen. Zu seinen

Lebzeiten stahl die FDA (eine Organisation, die vom Illuminatenorden kontrolliert wird und mit Hilfe von Texten wie dem Codex Alimentarius eine massenhafte Bevölkerungsreduzierung betreibt) alle seine Werke, und er starb unter seltsamen Umständen. David Miscavige, der seine Position übernommen hat und nun seiner Kirche vorsteht, entledigte sich der führenden Scientologen, indem er alle möglichen ungesetzlichen Methoden anwandte, das Testament von L. Ron Hubbard verbrannte und darüber log. Dann entdeckte er als Präsident der Kirche einen legalen Mechanismus, um den Rest der Mitglieder zu beseitigen, die sich ihm widersetzten und die in den meisten Fällen die Freezone Society gründeten, eine Gruppe von Anhängern des Studiums von L. Ron Hubbard mit einer autonomen Struktur.

Der OTO (Ordo Templaris Orientis) mag die Urheberrechte an Aleister Crowleys Originalpublikationen behalten haben. Dennoch ist er kein Nachkomme der Tempelritter, und auch keine andere Gruppe behauptet dies. Nachdem die Templer die gnostischen Texte entdeckt und die Unwahrheiten und die wahre Geschichte des Vatikans erkannt hatten, entschieden sie sich, das wahre Christentum und sein Erbe über Maria Magdalena und die Nachkommen Christi zu verteidigen, und neue Orden, wie der OTO, behaupten nur zu diesem Zweck, Nachkommen zu sein. Es gibt jedoch eine gewollte Beziehung zwischen Mystik und Realität, die nicht immer echt ist und, einmal mehr, die Wahrheit pervertiert.

Die Templer waren reich und mächtig und neigten zur Korruption; sie waren die Finanziers der größten europäischen Konflikte, die den Privatinteressen der Herrscher unterworfen waren und ihnen schließlich ein Ende bereiteten. Viele Templer wurden verfolgt und bei lebendigem Leibe verbrannt, während andere sich zu drei großen Organisationen zusammenschlossen: den Freimaurern, den Malteserrittern und dem Christusorden, der sich mit den Traditionen des Rosenkreuzes verband. Der Christusorden expandierte auf dem Seeweg über Portugal aus zwei Gründen: mehr Reichtum und die Schaffung einer neuen globalen Ordnung, die schließlich die

Kontrolle des Vatikans, der damals mächtigsten Institution Europas, stürzen sollte. Diese Ordnung inspiriert vor allem die modernen Banker.

Die Freimaurer hingegen strebten die Souveränität über Europa an und arbeiteten mit dem Vatikan bei Absprachen zusammen, die zu den Napoleonischen Kriegen und den beiden Weltkriegen führten. Aufgrund dieser Ereignisse waren die verbliebenen Malteserritter gezwungen, sich mit den Freimaurern zusammenzuschließen und auszuwandern. Ihr Kreuz, das heute auf den Gemälden der meisten europäischen Aristokraten zu sehen ist, hat heute eine andere Bedeutung.

Die Methode der Freimaurer war langwierig und blutig. Und der interne Kampf hat den Orden Christi schneller unterminiert, vor allem durch den Einsatz von Piraterie und die Unterstützung von Rebellionen in Ländern, die früher zu dieser neuen Welt gehörten, wodurch sie Spaltungen unter ihnen verursachten, um die Nationen zu schwächen und eine zukünftige Invasion vorzubereiten. Dies war das Schicksal der alten portugiesischen Kolonien, die von den Briten, den Niederländern und den Franzosen übernommen wurden, die alle von den Prinzipien der Freimaurer beeinflusst waren. Diese drei Nationen stehen nach wie vor im Mittelpunkt der politischen Agenda der Freimaurer, was erklärt, warum es zwischen ihnen so viele wirtschaftliche Verflechtungen gibt. Dennoch können wir die Freimaurer nicht so sehr beschuldigen, wie wir ihre Führer und ihre wahren Ziele verurteilen können, da nicht alle Freimaurer verstehen, worum es bei ihren Organisationen an der Spitze der Hierarchie geht. Viele Freimaurer behaupten zwar, sie seien frei von politischer Propaganda. Wir wissen aber auch, dass viele Politiker Freimaurer sind, und die Freimaurerlogen profitieren von einer autonomen Verwaltung untereinander. Mit anderen Worten: Jede Loge ist frei, die Werte zu fördern, die sie will, und ihre Mitglieder nach unabhängigen Kriterien auszuwählen. Eine Person kann von einer Loge ausgewählt und von einer anderen abgelehnt werden, oder sie kann aus der Sicht der Freimaurer wegen eines unmoralischen Lebensstils ausgeschlossen werden, ohne dass sie wegen entscheidender Verbindungen zu anderen Mitgliedern der Organisation ausscheidet.

KAPITEL 16
DIE THEORIE DER ILLUMINATI

Kurze Synopse

Viele Menschen interessieren sich heutzutage für die Illuminaten und geben gute und schlechte Informationen über den Orden weiter, insbesondere im Internet. Der Großteil des Materials, das jetzt auftaucht, bezieht sich auf den Einfluss der Illuminaten auf die Welt, die Politik, die Unterhaltung und die Medien.

Schon vor dem technologischen Fortschritt behaupteten Schriftsteller und Verschwörungstheoretiker, dass der Illuminatenorden immer noch existiere, wenn auch im Verborgenen, so wie er es seit seinen Anfängen getan hatte. Augustin Barruel, David Icke, William Guy Carr, Mark Dice und Nesta Helen Webster gehören zu den Schriftstellern und Verschwörungstheoretikern. Webster vertritt die These, dass eine elitäre jüdische Gruppe die Illuminaten steuert, um den Kapitalismus und den Kommunismus zu verbreiten, den Globus zu teilen und schließlich zu beherrschen.

Viele andere Theorien befassen sich mit Geheimorganisationen, insbesondere den Illuminaten, und jede Hypothese ist einzigartig. Christliche Fundamentalisten glauben zum Beispiel, dass die Eine-Welt-Regierung oder, wie es heute heißt, die Neue Weltordnung der Illuminaten, das Nahen des Antichristen ankündigt. Die John Birch Society, eine amerikanische politische Lobbyorganisation, unterstützte diese These, indem sie das Ziel von Geheimorganisationen wie den Illuminaten definierte.

In diesem Kapitel werden einige der meistdiskutierten Vorfälle im Zusammenhang mit Illuminaten-Verschwörungen behandelt. Darüber hinaus wird eine Liste von Berühmtheiten veröffentlicht, die angeblich Mitglieder der Illuminaten sind, sowie von denen, die der Orden angeblich zum Schweigen gebracht hat.

Berühmte Illuminaten-Verschwörungen und (vermeintliche) Illuminaten-Verschwörungen

9/11: Eine Tragödie

Der 11. September oder die Tragödie der Zwillingstürme war einer der gewalttätigsten und tragischsten Vorfälle in der Geschichte der Vereinigten Staaten von Amerika. Die meisten Verschwörungstheorien führen die Katastrophe auf ein ausgeklügeltes Komplott der Illuminaten zurück. Die Tragödie veranlasste die Regierung der Vereinigten Staaten von Amerika, dem weltweiten Terrorismus den Krieg zu erklären, und als die Regierung Finanzmittel für den Kampf gegen ihre Gegner benötigte, wandte sie sich an die Illuminaten. Nach Ansicht von Verschwörungstheoretikern bestehen die Methoden geheimer Gruppen darin, Prognosen über ihre Absichten abzugeben. Vor der 9/11-Katastrophe wurde in der Cartoon Network-Zeichentrickserie Johnny Bravo eine Folge ausgestrahlt, die der Katastrophe verblüffend ähnlich war.

Puppenspieler in den Medien

Verschwörungstheoretikern zufolge wissen die meisten Menschen mehr über ihren Lieblingsprominenten als über ihre Nachbarn oder Arbeitskollegen. Nach diesen Theorien ist all dies Teil der Propaganda der Illuminaten, die die Medien kontrollieren und manipulieren. Diese Kontrolle zielt darauf ab, obsessive und lächerliche Prominenten-Nachrichten zu verbreiten, um die öffentliche Aufmerksamkeit von ernsteren Themen wie der Regierung, Revolutionen, Weltpolitik und Rebellionen abzulenken. In dem Maße, wie die allgemeine Bevölkerung diese Themen aus den Augen verliert, gewinnen die Illuminaten Zugang zu den Herzen und Köpfen der Menschen.

Mysteriöse Attentate und Todesfälle berühmter Persönlichkeiten: Verschwörungstheorien

Die meisten Verschwörungstheoretiker bringen den Orden der Illuminaten auch mit den seltsamen Todesfällen und Ermordungen bekannter Persönlichkeiten nicht nur in den Vereinigten Staaten, sondern in der ganzen Welt in Verbindung.

Lincoln, Abraham

Die Illuminaten planten angeblich die Ermordung Lincolns, um ihn daran zu hindern, gegen große Unternehmen und Firmen vorzugehen, die er als Gefahr für sich und die Südkonföderation ansah. Die Illuminaten arrangierten die Ermordung, um Lincoln daran zu hindern, sich gegen den Orden auszusprechen. Lincolns Worte wurden zitiert: "In Zeiten des Friedens machen die Geldmächte Jagd auf das Land, und in Zeiten des Unglücks verschwören sie sich gegen es. Die Finanzmächte sind unterdrückerischer als eine Monarchie, arroganter als eine Autokratie und egozentrischer als eine Bürokratie. Sie bezeichnen jeden als Staatsfeind, der ihre Taktik in Frage stellt oder ihre Missetaten aufdeckt." Infolgedessen wurde Lincoln am 15. April 1865 ermordet.

Kennedy, John F.

Der 35. Präsident der Vereinigten Staaten soll mit den Illuminaten zusammengearbeitet haben, doch als er begann, sich den Zielen und Taktiken des Ordens zu widersetzen, wurde seine Ermordung geplant. JFK wurde am 22. November 1963 zweimal in den Kopf und einmal in den Hals geschossen.

Oswald, Lee Harvey

Der Scharfschütze, der JFK ermordete, soll ebenfalls ein Opfer der Illuminaten gewesen sein. Während der Ermordung von JFK stand Oswald angeblich unter der Gedankenkontrolle der Illuminaten. Oswald hingegen wurde von der Polizei festgenommen. Zu

Am 24. November 1963, zwei Tage nach der Ermordung von JFK, wurde Oswald erschossen, als er in ein Bezirksgefängnis gebracht werden sollte, um zu verhindern, dass er den Drahtzieher der Ermordung von JFK verrät.

Martin Luther King, Jr,

Aufgrund seiner Macht stellte dieser Mensch eine Gefahr für die Illuminaten dar. Verschwörungstheorien zufolge begann MLK gegen den Vietnamkrieg zu protestieren, der damals zahlreichen Firmen enorme finanzielle Vorteile brachte. Infolgedessen entwarfen die Illuminaten ein Szenario für MLKs Ermordung. Am 4. April 1968 wurde er auf dem Balkon eines Hotels in Memphis erschossen.

John F. Kennedy, Jr,

Verschwörungstheoretiker kommen nicht umhin, den Tod von JFK Jr. mit dem seines Vaters JFK in Verbindung zu bringen und glauben, dass dies alles Teil des Plans der Illuminaten war. In den Vereinigten Staaten kursierten Gerüchte über das Wissen von JFK Jr. über den Tod seines Vaters. Es kursierten Gerüchte, dass George H. W. Bush und die CIA an der Ermordung von JFK beteiligt waren. JFK, Jr. war angeblich bereit, seine Informationen weiterzugeben, als sein Flugzeug auf unerklärliche Weise abstürzte. Berichten zufolge stürzte das Flugzeug aufgrund eines Pilotenfehlers ab. JFK, Jr. wollte schon als Jugendlicher Pilot werden und nahm deshalb Flugunterricht und erwarb seine Pilotenlizenz. JFK, Jr. wurde zusammen mit seiner Frau und seiner Schwägerin ermordet.

John Lennon von den Beatles

Da er Mitglied einer weltberühmten Band war, wurde John Lennon von vielen prominenten und mächtigen Personen als Gefahr angesehen. Die Einwanderungs- und Einbürgerungsbehörde (INS) versuchte, Lennon abzuschieben. Er wurde auch vom Federal Bureau of Investigation (FBI) überwacht. John Lennon war nicht nur eine Rockberühmtheit, sondern auch ein politischer Aktivist und Friedensaktivist. Er nahm auch Antikriegslieder auf. Mark David Chapman, der Mörder von Lennon, soll mit den Illuminaten in Verbindung gestanden haben und unter deren Kontrolle gestanden haben, als er Lennon am 8. Dezember 1980 ermordete.

Malcolm X war ein Revolutionär.

Malcolm X, ein amerikanischer muslimischer Geistlicher und Menschenrechtsaktivist, war eine große Gefahr für den Illuminatenorden. Er wurde als "der mächtigste Afroamerikaner, der dem Machtsystem feindlich gegenüberstand" bezeichnet. Malcolm X wurde am 21. Februar 1965 mit einer abgesägten Schrotflinte und halbautomatischen Pistolen erschossen, als er sich darauf vorbereitete, vor der Organization of Afro-Americans in Manhattan zu sprechen.

Jim Morrison ist ein Rockmusiker.

Viele Verschwörungstheoretiker behaupten, Morrison sei ein Reptilienmitglied des Illuminatenordens. Durch seine Lieder unterstützte er die Revolte der Hippie-Gegenkultur und die Kluft zwischen den Generationen. Auch sein Tod bleibt ungewiss.

Angeblich starb Morrison am 3. Juli 1971 an einem Herzinfarkt, obwohl sein Tod erst drei Tage später bekannt gegeben wurde. Außerdem behaupten zahlreiche Personen, Morrison nach seinem angeblichen Tod an zwielichtigen Orten weltweit gesehen zu haben. Die meisten Verschwörungstheoretiker glauben, dass die Illuminaten Morrisons Tod inszeniert haben.

Bruce Lee ist ein Kampfsportler.

Lee gilt weithin als der einflussreichste Kampfsportler aller Zeiten, und es wird ihm auch zugeschrieben, die Darstellung von Asiaten in amerikanischen Filmen verändert zu haben. Vor seinem Tod am 20. Juli 1973 warnte Lee andere oft, dass er von einem Dämon beobachtet würde. Er starb an den Folgen einer unerwünschten Reaktion auf ein Schmerzmittel. Verschwörungstheoretiker glauben jedoch, dass Lee ein Opfer für die Illuminaten war.

Grace Kelly ist eine bekannte Schauspielerin.

Die meisten Verschwörungstheoretiker sind der Meinung, dass Kellys Ehe mit Rainier III, Fürst von Monaco, von den Illuminaten inszeniert wurde. Kelly starb angeblich bei einem Autounfall, nachdem sie einen Schlaganfall erlitten hatte. Sie wurde ins Krankenhaus gebracht, aber am 14. September 1982 wies Rainier III. die Ärzte an, die lebenserhaltenden Maßnahmen einen Tag nach der Tragödie abzuschalten. Kelly wurde als nicht mehr notwendig erachtet und musste geopfert werden.

Kurt Cobain war eine Rock'n'Roll-Ikone.

Trotz seiner Berühmtheit zu dieser Zeit verachtete Cobain sie. Er sagte, dass alles, was er tun wollte, war, seine Lieder zu teilen. Verschwörungstheorien zufolge versuchten die Illuminaten, Cobain unter Gedankenkontrolle zu stellen, was dieser jedoch ablehnte.

Infolgedessen planten die Illuminaten seinen Tod. Obwohl sein Tod als Selbstmord eingestuft wurde, stellen viele Verschwörungstheorien die Umstände in Frage. Cobain starb am 5. April 1994 an einer Schusswunde.

Diana, Prinzessin von Wales

Viele Verschwörungstheoretiker glauben, dass die königliche Familie eine wichtige Rolle im Illuminatenorden spielt. Die Scheidung von Prinz Charles und Prinzessin Diana war eine große Schande für die Royals. Prinzessin Di war kein Mitglied der königlichen Familie mehr, trotz ihres Ruhmes und ihrer Beliebtheit in England und weltweit. Infolgedessen musste sie gehen. Angeblich starb Prinzessin Di am 31. August 1997 bei einem Autounfall. Die Untersuchung ergab jedoch, dass es sich bei ihrem Tod um einen Mord und nicht um einen Unfall handelte.

Michael Jackson ist ein bekannter Musiker.

Viele Menschen glauben, dass Jackson ein Mitglied der Illuminaten war. Vor seinem Tod begann er jedoch, sich gegen den Orden auszusprechen und behauptete, es gebe eine Verschwörung, um ihn zu diskreditieren. Infolgedessen wurde er als Kinderschänder und Verrückter tituliert. Michaels Schwester La Toya Jackson erklärte, ihr Bruder habe oft von einer Bande gesprochen, die ihn ermorden wolle. Jackson starb am 25. Juni 2009 in seinem Bett, nur wenige Tage vor seinem Auftritt in London, an einer schweren Vergiftung mit Propofol und Benzodiazepin, die zu einem Herzstillstand führte. Später wurde sein Arzt der fahrlässigen Tötung für schuldig befunden.

Berühmte Persönlichkeiten, die angebliche Illuminati-Mitglieder sind

Die Unterhaltungsbranche ist die Heimat einiger der prominentesten und mächtigsten Personen der Welt. Wenn man bedenkt, dass der Orden der Illuminaten eine Gruppe von Elitemenschen ist, ist es keine Überraschung, dass es sie in die Welt des Showbusiness zieht.

Wie in früheren Kapiteln beschrieben, verwenden die Illuminaten Symbole, die für den Durchschnittsmenschen bedeutungslos sein können. Für die Mitglieder des Ordens ist das Symbol jedoch heilig und kann auch anzeigen, ob eine Person Mitglied ist oder nicht. Andere Embleme als die zuvor beschriebenen sind Ziegenköpfe, Eulen und Einhörner.

Die Mitglieder der Illuminaten sind keine normalen Menschen. Sie sind die Weltelite, und zu ihnen gehören Finanzzauberer, Politiker und Prominente. Im Folgenden finden Sie eine Liste angeblicher Illuminati-Prominenter, die als die Besten und Einflussreichsten in ihren jeweiligen Branchen gelten.

Jay-Z ist ein bekannter Rapper.

Er ist nicht nur ein Rapper, sondern gilt auch als der Pate der heutigen Illuminaten. Wer nach Beweisen sucht, kann sich ansehen, wie Jay-Z bei seinen Konzerten und Auftritten mit Handbewegungen das Zeichen der Pyramide zeigt. In mehreren seiner Musikvideos hat er auch Ziegenköpfe verwendet.

Beyoncé's

Wenn der Ehemann der Anführer bei der Verbreitung der Ideale der Illuminaten ist, unterstützt die Ehefrau ihn natürlich. Beyoncé zeigte das Illuminati-Symbol Pyramide vor Millionen von Zuschauern vor Ort, im Internet und zu Hause während des Halbzeitkonzerts des Super Bowl 2013. Außerdem modelte sie bei einer Fotosession ein Outfit mit einem Ziegenschädel. Blue Ivy, die Tochter von Jay-Z und Beyoncé, soll das neueste, wenn nicht sogar das jüngste Mitglied des Ordens sein und könnte in Zukunft eine weitere prominente Persönlichkeit werden.

Lindsay Lohan

Es wurde festgestellt, dass Lohan das Dreieckssignal immer dann aufblitzen lässt, wenn sie fotografiert wird oder an einem Fotoshooting teilnimmt. Ihr Tattoo ist ein dämonisches rotes Dreieck mit den Worten "What Dreams May Come". Viele sind der Meinung, dass sie den Illuminaten die Schuld dafür gibt, dass sie Menschen dabei helfen, berühmt zu werden.

Lady Gaga

Lady Gaga hat, wie Jay-Z und Beyoncé, Ziegenköpfe in ihren Musikvideos verwendet. Sie hat auch Einhörner und Dreieckssymbole auf ihren Albumcovern und Videos verwendet, was auf die makellose Entstehung der Illuminaten hinweist. Lady Gaga gestand, dass sie einen Traum hatte, in dem Lindsay Lohan auf einer Ziege zum Berg der Pyramiden ritt, um die Echsenkönigin zu treffen, die keine andere als Lady Gaga ist. Infolge dieses Traums hat sie bei vielen Konzerten ein Illuminati-Ritual durchgeführt.

Rihannas

Wenn man bedenkt, dass Jay-Z ihr Mentor und sie sein Schützling ist, überrascht es nicht, dass Rihanna ein Mitglied der Illuminati ist. Sie scheut nicht davor zurück, dies bei ihren Auftritten zu zeigen. Man sieht Rihanna oft, wie sie mit ihren Händen das Pyramidenzeichen zeigt. In ihrem S&M-Video trug sie sogar den Titel "Princess of the Illuminati". Auch in einer Geschichte über eine abgelegene mexikanische Ziegenfarm wurde behauptet, Riri sei Rihanna.

Madonna

Madonna baute für ihre Super Bowl-Halbzeitshow 2012 eine Menschenpyramide ein und setzte Hörner auf ihren Helm. Es ist auch erwähnenswert, dass zwei angebliche Illuminati-Mitglieder, Beyoncé und Madonna, vor zwei Jahren die Halbzeitshow anführten. Es könnte ein Zufall sein, aber es ist auch plausibel, dass die NFL mit den Illuminaten verbunden ist.

Kanye West

Es stimmt, dass Jay-Z und Kanye West sehr gute Freunde sind und auch beruflich eng miteinander verbunden sind. Daher ist Kanye mit ziemlicher Sicherheit ein Mitglied der Illuminaten. Kanye trägt in der Regel Schmuck mit Ordenssymbolen darauf. In seinen Musikvideos greift er häufig übernatürliche Themen auf.

Celine Dion

Die Legende besagt, dass Celines Musik das Werk des Teufels ist. Dies geschah, nachdem sie bei ihren Auftritten Illuminati-Insignien aufblitzen ließ und das Zeichen El Diablo oder Teufelshörner zeigte. Obwohl sie nicht so bekannt ist wie Jay-Z, Beyoncé, Lady Gaga, Rihanna und andere Musiksuperstars, ist sie dafür bekannt, dass sie andere Schwergewichte des Showbusiness anwirbt oder sich unter sie mischt. Einige behaupten, dass ihre Augen physisch wie die Zahl 6 geformt sind, eine Lieblingszahl der Illuminati-Mitglieder.

Justin Bieber

Bieber wird beschuldigt, ein Mitglied des Illuminatenordens zu sein, seit er Kleidung mit Pentagrammen trägt und das A-Ok-Zeichen zeigt. Obwohl viele Leute denken, dass er nur A-Ok ist, glauben andere, dass mehr hinter ihm steckt als seine mit Pentagrammen bedruckten Hemden und sein blinkendes A-Ok. Er ist, wie Rihanna, ein Fan von Ziegenfarmen.

Emma Watson

Sie wurde mit der Zahl 6 abgebildet, die ihr Auge umrahmt. Dieses Beweisstück brachte die Möglichkeit auf, dass sie ein Mitglied der Illuminaten ist. Viele Menschen konnten nicht glauben, wie schön sie ist, dass sie so wundervolles Haar hat, dass sie trotz ihres hektischen Terminkalenders ihren Hochschulabschluss gemacht hat und dass sie ihre feministische Rede bei den Vereinten Nationen gehalten hat. Diese Leute glauben, dass alles das Werk der Illuminaten ist.

Angelina Jolie

Ihre Filmauswahl, ihr wildes Privatleben und die Tatsache, dass sie eine Ampulle mit dem Blut von Brad Pitt trägt, haben etwas von den Illuminaten. Dies sind einige der Gründe, warum viele Menschen annehmen, dass Jolie ein Mitglied der Schattenorganisation ist. Darüber hinaus hat sie mit einer dämonischen Handbewegung posiert. Mehrere ihrer Filme, insbesondere die Tomb Raider-Trilogie, enthalten Elemente des Symbols des allsehenden Auges.

Paris Hilton

Hilton soll schon in jungen Jahren in den Methoden des Illuminatenordens unterrichtet worden sein. Ihre Familie ist obszön wohlhabend. Auch in ihren Musikvideos verwendet sie Ordenssymbole. Sie verwendet das Shh-Handzeichen nicht nur auf ihren Bildern, sondern auch bei ihren Gastauftritten. Viele glauben, dass es sich dabei um einen Gruß an die Illuminaten handelt; wenn nicht, könnte sie von der Geheimorganisation einer Gehirnwäsche unterzogen worden sein.

Chris Brown

Obwohl er der Ex-Freund von Rihanna ist, einem weiteren angeblichen Illuminati-Mitglied, hat sich Brown durch seine Tätowierungen als Mitglied der Geheimorganisation zu erkennen gegeben. Eines davon ist eine Schlange mit einer karminroten Pyramide an der Schwanzspitze und einem Auge in der Mitte. Er tritt fast immer halbnackt oder in Tanktops auf, um den Illuminaten durch seine Rückentätowierung Anerkennung zu zollen.

Dr. Dre

Aufgrund seiner meistverkauften Beats by Dre-Kopfhörer und seiner Beziehungen zu einigen Berühmtheiten auf dieser Liste wird er für ein Mitglied der Illuminaten gehalten. Seine Kopfhörer sind in vielen Musikvideos anderer angeblicher Illuminati-Promis zu sehen. In Wirklichkeit haben diese Berühmtheiten Dre's Kopfhörer stark vermarktet. Beats' Anagramm ist Beast, was auf seine Verbindung mit der Schattenorganisation hindeutet.

Sean Combs

Sein Reichtum und seine Prominenz im Musikgeschäft sind nur einige Anzeichen für seine Verbindungen zu den Illuminaten. Allerdings bewies er seine Beteiligung an der Schattenorganisation, indem er satanische Handbewegungen und das Pyramidenzeichen zeigte. In Anbetracht seines Einflusses wird seine Anwesenheit für die Illuminaten von immensem Nutzen sein, sobald die Neue Weltordnung errichtet ist.

SCHLUSSFOLGERUNG

Ich hoffe, dieses Buch hat Ihnen gefallen und Sie haben mehr über die Illuminaten erfahren!

Die Geschichte des Illuminatenordens wird je nach Standpunkt der Autoren und Kritiker mehrmals aufgedeckt oder unterdrückt, entlarvt, verschönert oder verspottet. Angesichts der Geheimhaltung der Gruppe kann es sehr schwierig sein, die Fakten über die Illuminaten zu erfahren. Im Laufe der Jahre haben sich verschiedene Interpretationen der Geschichte der Illuminaten herausgebildet. Einige davon mögen wahr sein, während andere rein fiktiv sind. Wie bereits gesagt, hängt alles von den Autoren und Rezensenten und dem Publikum ab, das sie ansprechen.

Obwohl es unmöglich ist, alle Bedenken bezüglich der Illuminaten zu beantworten, versucht dieses Buch, ein umfassenderes Bild des Ordens, seiner Ziele und Zwecke, der Zusammensetzung seiner Mitglieder und aktueller Informationen über die Geheimorganisation zu vermitteln.

Vieles von dem gelieferten Material sind lediglich Theorien von Menschen. Es liegt an Ihnen, zu entscheiden, was Sie glauben und wer Ihrer Meinung nach Mitglied dieser ruchlosen Organisation ist.

Vielen Dank und beste Wünsche!

Milton Keynes UK
Ingram Content Group UK Ltd.
UKHW020634101123
432322UK00018B/797

9 781803 624686